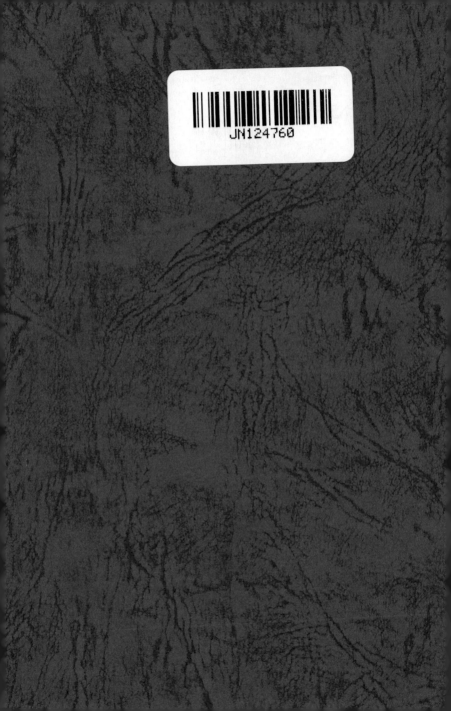

# 評伝 棘男2 独白

平林猛

関西地区生コン支部 執行委員長 武建一

展望社

# Introduction「懲役八年求刑！」

連帯広報委員会発。

「三月三十日には検察が武建一委員長に懲役八年の求刑を行っている」。

「懲役八年。絶句だ」。

「信じられるか！」。

「嘘だろう！」。

耳を疑った。

だが、「武建一！　懲役八年求刑」が私の壊れた脳の中を衝撃的に乱舞する。

武建一とは別名「棘男」の事だ。

眞か、あの我らが「棘男」が……。

現実か！

それとも幻想か！

リアルに考えれば、武建一は七十九歳。私より一つ下だ。

もし、求刑通り、監獄に収監する場合、年齢は幾つになるのか。

冗談では無い、八十数歳の受刑者。

そんな事あり得ない。

日本は少なくとも民主主義的な法治国家である。

その法治国家日本が何と「罪なき行動者」、それも後期高齢者を収監し、非人道的な空間に幽閉することなど、「以ての外」の蛮行、許される事ではない。

もし、老人に鞭打つこの破廉恥な行為が国家権力の名の下で行われたなら「国の恥」ばかりではなく、国際的な人権問題でもある。

では、何故、国家権力は武建一を憎み、忌み嫌うのか。

「革命分子」「危険な思想」の実践者と考えているからか。

でも、人間は何を信じても良い。

思想の自由が認められている現代日本である。

かつて、忌まわしい事件があったことを思い出さざるをえない。

幾多の活動家が特高警察に拘束され拷問を受け、虐殺された明治の悪法「治安維持法」が猛威を振るい、戦争反対の声を権力で封殺していた「暗い時代」ではない。

撮影　亀村佳宏

でも、最近、何かと気懸りな事がある。

反戦デモや集会に参加していて感じられる事だが特に目立ち出したのが「警察国家」の暴走ではないだろうかと、その行動に疑念を覚える。

時は動いた。

二〇二一年（令和三年）七月十三日（火曜日）午前十時から大阪地方裁判所。

前代未聞の暴虐的な判決を下される。

巷の予測では、

「懲役八年。執行猶予なし」

が宣告されると。

厳しい。

関西生コン支部書記次長武谷新吾は「関西生コン労働組合の弾圧を許さない東京の会」通信第六号に「武委員長への八年求刑」を糾弾する」の一文を投稿している。

少々、長いが転載する。

「三月三十日、大阪地裁で武委員長に対して「八年求刑」というとんでもない論告求刑が行われました。これは、関生型労働運動の抹殺という今回の弾圧の本質そのものです。関生支部が獲得してきた大企業による収奪との闘いの地平をおしつぶすことが狙いです。この攻撃を容認することは労働運動を否定することです。私たちは絶対に屈しない。武委員長も法廷で「関係ない、私は無罪だ」と宣言しています。全力を尽くして無罪を勝ち取ります」。

大阪地検は求刑公判で、殺人罪に近い八年の重罪求刑を強行した。

武建一は直接の関与も全くないにも関わらず、「労働争議と称して同じ行為を繰り返し、反省がない」と重罪を求める理由としている。

これは組合潰しの不当判決である。

武建一はそんな大犯罪人なのか。

一体、現実的に誰が、何人死んだのか。

強欲な「拝金主義」者が欲しい巨万の富が消えたのか。

武建一は尽く、総ての事件は恐喝未遂、威力業務妨害など「警察国家」に「仕組まれた事件」だと言い総て「無罪」を主張している。

そのため逮捕されてから現在まで完全「黙秘」を続け、容赦ない「国家権力」の横暴を糾弾する覚悟だ。

その判決は「警察国家」の武建一とその同志たちへの牽制か、断罪か、それとも恫喝なのか。

さて、武建一は保釈後、「警察国家」に対して元気に活動している。

「一度やられたら、三倍返しだ！」

武建一が信奉する闘う階級闘争「産業別労働組合」に気合を入れる。

不屈の「関生魂！」である。

この活きの良い労組を統率、叱咤激励するのがレアで真っ赤な「棘男」、即ち武建一だ。

「棘男」の言動は激しい。

それも単刀直入である。

でも、何故か今日は眼が暖かい。

会うのは久しぶりだ。

私事だが私は今年、八十路に入った。

「棘男」の歳は私に限りなく近く、一つ違いの七十九歳だと記憶する。

武建一に一般的な常識は通用しない。

老爺であるが動きは素早く、艶があり、鋭い。

何故か、武建一にはこの世の不可能を可能にする「秘めた力」がある。

武建一は休む暇をも惜しみ、保釈後たった一か月間で一冊の本を猛スピードで書き上げたのである。

タイトルは、

『大資本はなぜ私たちを恐れるのか』（旬報社刊）

天下の奇書だ。

武建一パワー溢れるこの本は、既成の社会通念を根底から覆す力を秘めており、今後の労働運動や社会運動、市民運動に革命的、且つ、衝撃的な大きな影響を与えるのではないかと考えられている。

そんな急激な作業が可能なのは、恐らく日夜、密かに「人民の森」の中で「棘」を矯めながら在る「棘男」だからではないか。

「棘男」はいつ何時、国家権力や独占資本が暴れ出しても、自らの命をも忘れ、人民のために悩み、闘い続ける事を肝に命じている。

それに「棘男」は社会の動向に関して敏感である。

何事にもアグレッシブ（Aggressiye）能動的に反応し、共に闘った老いも若きも、男も女も、共に笑い、論じ、踊り、酒を飲み、無邪気に泣き、そして同志たちと夜が明けるまで、明日の闘いの戦略を練るのが好きだ。

それは若い頃から、身体に叩き込まれた癖である。

そんな「棘男」武建一の闘いの相手は多岐に渡る。

資本家。

国家権力。

また、「棘男」は長年「ひとの痛みは己の痛み」を信条にして、「反戦」「沖縄基地」「原発福島」「児童虐待」、さらには「憲法改悪」等に対して、街頭に立ち激しいメッセージを発信し、より良い社会を創り出すために身を削って来たのだ。

正に「労働業界のレジェンド（Legend）」「生きた伝説」なのである。

だが、「棘男」は労働界だけで収まる「玉」ではない。

兎に角、既成の事実を真っ向から否定し、再生には強烈なエネルギーをもって実行するのだ。

基本は譲らず、骨太だ。

相手の度肝を抜くのだ。

ある日、「棘男」は生コン運搬用の大型ミキサー車約三百数十台を大阪港に集結させた。

華麗なる抗議デモである。

終合後、抗議集会を開き、その後、大阪のメインストリート「御堂筋」を「生コン界のシンボル」無骨な生コンクリートミキサー車を数百台連なれてパレードさせたのだ。

武建一は「御堂筋」一帯に「花の都」パリ（Paris）のカルティエ・ラタン（Quartier Latin）的で斬新な「人民解放区」を創り出したのだ。

沿道で歓喜して見守る「難波の女将さん」や「浪速の娘」たちは珍しいミキサー車に群がり、

スマホで自分入りに写真を撮り、全世界に配信したのだ。

世界中の人々のスマホに「行動するミキサー車」が激しく散乱したのだ。

重量感が魅力的なミキサー車のパレードに、

「何事か!」

目を剥きだし、

「エライこっちゃ!」

「エライこっちゃ!」

と嬉々と大騒ぎ。

「難波の女将さん」「浪速の娘」たちの日常を非日常に変革させたのである。

武建一の演ずる、天下一品の「芸だ!」である。

ただ、こんな事を「スパッ!」と「淀みなく」、「大掴みで」、それも躊躇なく大胆に出来るのは私たちの知る限り、「棘男」以外には居ない。

その行動力は凄い。

だが、沿道で警備担当の「警察国家」はその派手さに苦虫を噛み潰し、渋く暗い顔を晒していた。

さて、「棘男」とは「関西生コン」の愛称で親しまれている全日本建設運輸連帯労働組合関西地区生コン支部の執行委員長武建一の事である。

実は「棘男」武建一に私たちが始めて会ったのは二年前。

二〇一八年（平成三〇年）八月二十五日の午後であった。

この日、武建一は労働関係の学者木下武男が東京で開催したフォーラムのメインのパネラーとして大阪から招聘されていたのだ。

演台に上がった武建一の風格は労働者の代表的姿ではない。

まるで高野山か比叡山の宿坊の信心深い僧侶のようなテカテカ頭にドングリ眼を見開き、満面笑みをうかべ、まるで迷える信者に説法を語り掛けるようだった。

その中でも秀逸なのが労働に関する逸話だ。

理屈無く、いたって明快だ。

「労働運動の三原則は一に経済闘争。これは皆な豊かな生活しなくちゃならんので闘はなきゃアカン。女房子供泣かせる訳にはいかん。さて、二つ目は政治闘争。今の政治は腐っとる。納得せんのでこれも当然。それに三つ目はお互いの生き様、考え方、言って見れば思想闘争。この三つを体験しながら、学習することが大切なんだ」。

武建一は労働運動の猛者たちが居並ぶ前で無邪気に話していた。

「元気！」「短刀直入！」「本気」。

でも、話方には気取がないいし、他人には理解不能な詰らない屁理屈もない。

私たちはその話し振りが気に入った。

多忙を極めていた武建一は講演が終わるとすぐさま大阪に帰った。

その三日後である。

信じられない衝撃的な事件が起こった。

「警察国家」の「作られたシナリオ」の第一幕「武建一不法逮捕事件」の幕が切って落されたのである。

二〇一八年（平成三十年）八月二十八日午前七時頃である。

大阪の関西生コン組合事務所を滋賀県警察本部の約三十数人の刑事や機動隊員が急襲、武建一はその後、五月雨式に逮捕された八十九名の組合員や関係者たちと共に不法拘留されたのだ。

「邪魔者は消せ！」

最近傲慢になって来た「警察国家」は武建一を逮捕し、検察の得意技である、長期拘置を連発、自壊自爆を企んだのである。

それと同時に一般の組合員にも手を出した。

「ひとりずつ削れ！」、

「組合から辞めさせろ！」、
厳命された刑事たちは、警察手帳をチラつかせ、実行した。

刑事は禁止事項と知りながら組合員の家庭訪問を繰り返し、家族にも接触、「お父ちゃん。引っ張るゾ。組合辞めとけ！」

不安感を煽り立たのだ。

この行為は犯罪であるが、「警察国家」の狙い通り、悲しいかな刑事の家庭訪問や家族への接触に耐えられ無い人もいる。

嫌な家庭訪問を受けた人たちは仕方なく組合を独り抜け、二人抜け、五人抜、十人と抜けて行ったのだ。

武建一には為す術もない。

国家権力がやってはならない御法度「組合潰し」を行い出したのである。

それから早二年。

月日は下っていた。

突然である。

二〇二〇年（令和二年）五月二十九日金曜日の深夜、朧月夜の大阪拘置所の重い鉄扉が開いた。

約二年間、延べ六百四十一日間もの間、非人道的な空間に、自由を奪われていた武建一は解放されたのだ。

解放の理由は安倍晋三政権の緊急崩壊の都合なのか不明だが「棘男」武建一は、しっかりした足取りで、鉄格子の門を潜り、珍しい朧月夜を見ながら大地を踏むように姿を現した。

その瞬間から、「棘男」武建一は国家の束縛から一切解放され「完全なる自由」を手に入れたのである。

異常な保釈条件があり、迎えをできなかった書記長武洋一は次のように語る。

「私は保釈の時、久しぶりなので出迎えに行きたかった。でも、弁護士に止められた。年なので身体の事が心配だったが、情報で夜の十二時ごろ元気で出たと聞き安心しました。それから三カ月間、一昨日、武委員長の保釈要件が変わり、僕ら含めて何人かしか会えなかったが、今日会ってきました。一時間しかなかったが二年のぶりに会えてよかったなと良いと思いました。保釈が取れたのが五月末でしたか、四カ月ぶり、やっと会いました」。

さて、時代が変わっても、変わらぬものは「棘男」武建一の原点「棘」である。

「棘」はその人が生まれながらにして誰しもが持っている。

しかし、大半の人の「棘」は成人と共に静かに消え去る。

その状態を人々は、

「表情が丸くなった」

などと表現して喜ぶ。

でも、厄介な「棘」もある。

それは、現実の厳しい社会の中で理不尽に扱われ、その記憶が頭蓋骨に深く埋め込まれた「棘」である。

その「棘」は真っ赤に充血し、嫌な事に向って直線的に突き進む。

危険だから、抜きたい。

でも、抜けない。

抜けば死に至る。

いま、動き出した武建一の「棘」は「警察国家」の胸元に深く食い込み、蠢動している。

「棘男」武建一は何時も人民と共に在り、いつ何時でも、権力者や独占資本が人民に対して虐待、搾取、差別、虐殺などをしたら、抗議し断固闘ってきた。

その動きは全国的に共鳴。

東京、埼玉、千葉、神奈川、群馬、新潟、郡山、仙台、札幌、さらに静岡、名古屋などに「支援する会」が発足、コロナ禍に中、不当弾圧の抗議活動を展開している。

また、地元大阪を拠点にして京都、滋賀、和歌山、奈良、三重、神戸。

さらに、広島、四国の徳島、高松、愛媛、九州福岡、それに武建一の生まれ故郷・奄美群島の徳之島まで支援活動を行っている。

本書では何故、「棘男」武建一、それに「関西生コン」が「警察国家」や独占資本によって不当弾圧されるのかを追及し、弾圧の正体を明かす。

また、闘いの序曲「国が訴えるなら、俺も訴える！」。

武建一は国家賠償法を引っ提げての国家と闘う。

秘策はあるのか！

さらに、戦後日本の諸悪の根源「拝金主義」(Money Worship)。

つまり、経済活動を行動の原点とし、金銭を無上のものとして崇拝する輩のことだ。

いつの間にか「拝金主義」の毒に侵された社会は破滅に向かい歩み出している。

その「拝金主義」は江戸末期から明治、大正、昭和と無計画に推し進められた「民意無き」大日本帝国の富国強兵路線及び殖産興業政策の中から生み落とされた日本的な資本主義の落とし子、妖怪である。

妖怪は時には得体の知れない巨大な欲望の山脈となって姿を現す。

「黒い山脈」である。

「黒い山脈」は水、石炭、石油、セメント、レアメタル、原子力などで、地球から掘り出された地下埋蔵物は世界の国々の「宝」である。

だが、その「宝」を巡り、世界は戦争や内乱を引き起こし、そして「宝」は経済動向を激しく動き、牙を剥き、暴れ、人民を襲うのである。

その危ない「黒い山脈」と「警察国家」が日本の繁栄を支えていると強く信じている「輩」がいる。

嫌な「輩」だ。

だが、現状をこのまま放置すれば「警察国家」と結託した「黒い山脈」の「輩」が嬉々として跋扈する。

その輩が権力を持った時に急激に「時代が変わる」。

独占資本の利益のため社会の仕組みを政治権力によって勝手に作り変え、利益は旧態然とした封建的な硬直した社会に流れ込み、凶暴な資本として存在するだけだ。

「富」は独占するものではない。

公平平等に人民迄に届かなければ社会は成立しない。

こんな理不尽な今の局面を壊さなくてはならない。

しかし、誰かがこの局面を壊さなくてはならない。

でも、私たちには時間が無い。

誰が壊す！

一刻も早く、息苦しい社会を打破、切り開き、「出口」を探さなくてはならない。

武建一、そして私たちの「出口」は何処なのか。

私たちは地図なき混沌とした時空の中に不滅の光を放す「黄金の出口」を探して、果てしなき「実存の旅」に出る。

独占資本と国家権力が最も恐れる階級闘争「産業別労働組合」に栄光あれ！

さて、時が迫る。

「懲役八年。実刑判決」

これは断固戦わなければならない。

馬鹿な！

江戸時代から続く西宮神社えびすさんの「走り参り」男福の声もあまりにも愚鈍な「浪速の司法」も激しく動く。

「許さん！　みんな抗へ！」

激昂。

# 評伝 棘男2 独白

目次

# Introduction　判決懲役三年執行猶予五年。

２０２１年7月13日（火）午前10時、大阪地方裁判所に於いて関西生コン支部執行委員長武建一に対する公判が開かれた。裁判所は全国から集結した支援者６００人以上に囲まれ、熱気に包まれた。懲役３年執行猶予５年。

懲役８年の求刑、実刑判決、収監もあり得る緊張のなか、不当判決とは言え、身に降りかかる理不尽さに静かに怒りを内包する。これから国家権力との闘いが始まる。

カバー・本文写真
撮影／亀村佳宏
装丁／浅葉克己デザイン室

# 評伝 棘男2 独白

# Session 1 「邪魔者は消せ！」

さて、本題に入ろう。

「産業別労働組合」

金看板を引っ提げて労働界を練り歩く「棘男」武建一。

その武建一を、

「目障りだ！」

「邪魔者は消せ！」

牙を剥いた「警察国家」は武建一及び「関西生コン」組合員の面々を一網打尽、拘束したのだ。

二〇一八年（平成三十年）八月二十八日午前七時頃の事だ。

大阪築港。

どんよりとして市内を流れる安治川を挟んだ倉庫街。

撮影　亀村佳宏

遠くには、灯を消さない超高層ビル群。

深夜、時間外なので港に近い倉庫街は深い眠りに堕ちていた。

だが、一棟だけ眠りを忘れ、弱々しく灯を燈していた。

早起きが習慣化されていた武建一はこの日も、朝の六時過ぎから組合の執務室で書類の整理を始めていた。

まだ、街は深い眠りから覚めていない。

辺りは静かだ。

その静けさを突然、突き破るような音が階下から湧き上がるように聞こえて来た。

荒っぽい男たちがコンクリートの狭い階段を必死に群れ、駆けあがった。

まるで獲物に有り付いた飢えた獣のように目はギラギラに光っていた。

衝撃が起こった。

無防備の武建一は為す術もなく、階段を駆け上がって来た私服の刑事約三十数人に急襲され、
それまで静かだった執務室は足の踏み場も無いほど乱れた。

身柄を確保されたが落ち着いていた武建一は、

「誰だ！　他人の部屋に土足で上がるのは！」

鋭く怒鳴った。

すると、すぐさま、刑事が、乱暴に、

「滋賀県警だ！　逮捕する！」

裁判所から発行された逮捕状を読み始めた。

逮捕容疑は恐喝未遂であった。

突然の出来事に困惑していた武建一は数人の刑事に押さえ込まれたまま、身動きが出来ない。

武建一が嫌疑をかけられた恐喝未遂とは、

「暴力や相手の公表できない弱みを握るなどして脅迫すること等で相手を畏怖させ、金銭その他の財物を脅し取ることを内容とする犯罪。刑法二百四十九条に規定されている」。

と記されている。

「私は何をした？　恐喝。誰を」。

武建一は自問したが恐喝した記憶はない。

だが、国家権力は状況証拠を駆使して勝手に罪状を作りあげ、裁判所から逮捕状取り、朝駆けで組合事務所に押し掛けてたのだ。

部屋のソファーに座る武建一の手首には刑事から冷たい手錠が乱暴に掛けられ、宿命のように手錠は両手に激しく食い込んだのである。

残酷だ。

でも、武建一に取ってこの組合事務所は二年ぶりの懐かしい我が家だ。

壁には闘争の歴史が刻まれていた。

その上、血の通った親しい組合の執務室の入るのは感慨深かったと言う。

それと武建一に取っては忘れようとしても忘れられない嫌な記憶も残る。

その記憶は、脳裏に瘡蓋のようになった血溜まりが着ている。

それは逮捕された時、滋賀県警は組合員が集団で抵抗をすること想定して、排除用に持ち込んだジェラルミン楯で小突かれた事だ。

警察用具では冷たい、嫌な鉄の塊である手錠を武建一の両手にこの部屋で嵌められたのである。

部屋の黒いソファーに座る武建一の手首には刑事から冷たい無情の手錠が乱暴に嵌められ、宿命のように手錠は両手に激しく食い込んだのである。

残酷だ。

脳裏の深い傷として残る。

逮捕されたあの日、武建一には普通の日常的な時間が流れていた。

だが、静寂を破るように十坪ほどのこの執務室は突然現れた凡そ三十数人の国家権力の手先、乱暴な警察官によって占拠されたのである。

その情景はまるで美少女か高貴な貴婦人が、汗臭く、極めて野卑な野郎に手籠めにされた屈辱的な場所だ。

この残酷な記憶がロマンチスト武建一の頭の中にこびり付いている嫌な場所でもある。

そして、四十五年間、「自分の城」として築いてきた場所を国家権力に土足で踏みにじられた苦い思いが残り、国家に対して「三倍返しの反撃計画」を練る場所として武建一は大事にしていた場所だ。

武建一は「独白」する。

「自分の城は自分の歴史である。エネルギーと精神力が続く限り、自分で守らなければならない」。

さて、昨今の国家権力の無謀無知さが明快である。

それに「輪」を掛けたように警察は呆れるほどいい加減だ。

特に滋賀県警はあの「垂れ流しジャーナリズム」が売り物の関西マスコミ界での面汚しである。

何故か？

それは十年前、ある目を覆いたくなる事件が起こったのだ。

あってはならない冤罪事件を起こしたのだ。

或る時、滋賀県の女性看護師を殺人容疑で逮捕した。

その容疑者を無理やり自白させ、懲役十二年の判決を受けさせた。

女性看護師は涙ながらの下獄、服役したのだ。

だが、服役中の看護師の関係者や弁護団が無罪を主張、審議の結果、無罪を勝ち取り、女性看護師は解放されたのだ。

冤罪事件である。

この事件は滋賀県警の刑事が無理やり「事件を作り上げたのだ」、
女性看護師を逮捕、強引な捜査テクニックで一方的に有罪にさせた事件であった。

冤罪事件を抱える県警幹部は起死回生、何かマスコミに餌を与えて点数稼ぎに出たのだ。

「生コン界のドン」武建一を「朝イチに逮捕！」

との情報を前日の夜、新聞、テレビ局各社に流したのだ。

事務所の前には、早朝にも関わらず、数十人のマスコミ関係者が待ち構え、、写真を撮り、テレビカメラを回していた。

これはネタ切れの警察が良くやる手だ。

早朝なのに在阪のマスコミは勢ぞろいだ。

それは「生コン界のドン」逮捕の情報を前日記者クラブに流したからだ。

まるで手錠は人生のように深く、ずっしりと重い。

そんな重い手錠は昔から、「人間から自由」を奪う道具だ。

人間は本能的に手錠を外し、自由になりたい。

手錠を掛けられた人間は卑屈で、悲しい表情になる。

本能なのかその表情にカメラマンは「唾が出る！」と無機質的に回す。

「こんな美味しい映像は滅多にないで。イタダキだ！」

お茶の間でお馴染みの日本国営放送、民放各局は武建一の「逮捕の瞬間」目当てにテレビカメラの砲列を敷いていた。

また、新聞各社は武建一の劇的な顔のアップが取れるよう多くのカメラマンを組合事務所前に配置していた。

これは約束違反だ。

何人にも人権がある。

これは明らかな人権蹂躙だ。

やがて、武建一は屈強な刑事が手錠の嵌った両手を下にして現れた。

多くのフラッシュ瞬く。

突然のフラッシュ攻撃に顔を顰める武建一。

まるで江戸時代の晒し者だ。

「極悪人」

「手錠の似合う男」

「生コン界のドン」

これは「警察国家」の犯罪であり、労働運動に対する酷いマスコミ操作だ。

「生コン界のドン。朝イチ逮捕！」

「警察国家」は貪り食うアマゾンの怪魚「ピラニア」のように貪欲な関西のマスコミ界に、ホットな情報を前日、新聞、テレビ局各社に流し、検察の書いたシナリオが垂れ流しされたのだ。

逮捕から二十分後、大阪の労働組合事務所から武建一の身柄はジュラルミンの盾を持った数十人の機動隊に囲まれて出た。

まだ、貪欲な新聞各社は武建一の苦渋に満ちた表情のアップが欲しく、多くのカメラマンを組合事務所前に張り付けていた。

翌日の新聞の紙面に下駄のような大きく踊る活字と写真。

つまり、警察はテレビや新聞などのマスコミにこのような文字が載るのに相応しい写真を恣意的に撮らせたのである。

集まったマスコミに充分、餌を撒き与えた捜索隊は滋賀県県警の本拠地、琵琶湖の畔、大津市街に向かって意気揚々と走り出した。

反吐が出る。

法の下には何人も平等だ。

これはネタが無い警察が良くやる手だ。

なぜか早朝なのに在阪のマスコミは勢揃いだ。

県警本部としてはシテヤッタリ、万々歳だ。

前日の夜、逮捕の情報を記者クラブにリークした甲斐があったのだ。

これは「警察国家」の犯罪であり、労働運動に対するマスコミへの情報操作だ。

手錠を掛けられた武建一は護送車の後部座席に追し込まれ、両サイドを刑事に囲まれた。

大津市街までの護送車の中で、隣にいた担当の刑事に、武建一は詰問した。

「酷いことをするな。何故、私を逮捕するのだ！」

だが、刑事は厳しい表情で、

「今回の事では、自分たちなりに覚悟を決めている！」

その刑事は車の振動に揺られながらその一言だけを話しただけだった。

「覚悟！」。

刑事たちは何をいったい「覚悟！」して、武建一を逮捕したのか。

だが、おそらく、武建一逮捕に関し、県警本部上層部は些か正直「無理筋」の逮捕だと思っていたのではないか。

真面目な実戦部隊現場の刑事は上司の命令である「無理筋」を通すので、「逮捕は不法!」との外部からなど反対意見に対抗するため腹を括ったのである。

それが、「覚悟!」だったのか。

でも、不思議なことに「覚悟!」し、武建一を逮捕したのは労働組合関係の労務担当の公安課ではなかった。

驚くなかれ、武建一を朝早く急襲した刑事たちの所属は組織犯罪対策課であった。

つまり、朝早く武建一を襲い、連行したのは暴力団関係専門の刑事たちだったのである。

通常、労働組合を監視しているのは警備部などの公安セクションである。

だが、滋賀県警が「関西生コン」を暴力団と一緒だと考えて、何か問題があった場合、困ると踏み、デモ隊排除用のジュラリミンの盾で武装した屈強な機動隊を送ったのである。

そんな意識で武建一を見下している県警の刑事たちは、

「労働者は経営者の言われるままに黙って働いてれば良いんだ! ガタガタ言うな。労働組合は会社の外に出るな。その内、痛い目に遭うぞ!」

今は流行らないが、戦前の治安維持法の特高のように居丈高だ。

聞くところによると、その後も、組合関係の右も左も分からない暴力団関係の刑事が「関西生コン」にガサ入れ「家宅捜査」を大人数で行っていた。

恐らく、装甲車のような無骨な警備車両を事務所の前に横着けにして、証拠品として事務所の中を溝浚いの如く浚い、捜査に関係のないビラや横断幕、さまざまな機関誌などを根こそぎ持って行ったのだ。

前代未聞である。

取り調べに対して、何の役に立つのだ。

つまり、何が何でも、関係書類を証拠物件として集める。

前後、見境もなく滋賀県警は腹を括って武建一が組織する「関西生コン」は日本最大の「左翼系戦闘集団の労働組合」だ、

「怖い！　労働者」

だと言った印象をマスコミに与え、その事実を新聞やテレビを見る者に無理やり与えようとしたのである。

こんな劣悪な司法堕落に武建一は告発する。

「今の裁判官は酷いですね」。

「人権感覚が全くない」。

「裁判官自身が長期に拘留する理由は「罪証隠滅」ですね」。

「必要じゃないとこ所まで何十カ所も強制捜査が何回も入る。車いっぱい書類を持って帰るが、

隠滅の可能性なんかまったくない。それなのに隠す必要が無いのに「罪証隠滅」の可能性があるという事で保釈しない」。

「ある会合でお会いした立命舘大学の前総長吉田美喜夫先生はこんなに長期拘留するのは、事件なんて立件したくないことの表れだ。本当に酷い」。

「司法の方は人質司法を犯罪者に有効だと言う事で行っているが忌まわしき冤罪の温床になる」。

「これを誰も変えようとしない。変えるべきだと思う」。

また、武建一は日本の司法制度に異を唱える。

「今回、保釈になって初めての経験ですね。こんな制約受けたのは初めてです」。「私の場合は、九月三十日に大阪地方裁判所から組合事務所には出入りしていいという許可が下りたようですけど、当然といえば当然です」。

「人質司法を問題にしましたけど、なかなか司法の方では、人質司法は有効だと考えている」。

「だが、冤罪の温床になる。これを変えようとしません。変えるべきだと思いますね」。

「拘束は普通二十二日が最高です。そこで起訴する訳。あるいは不起訴。あるいは処分保留とか」。

「その場合は、それまでに調べが全部終わったということですから、起訴する場合でも、あとは裁判にかければいいという話ですからね」。

「それを長期に拘束する」。

「それはまったく普通のサラリーマンだとか、中小の経営者の人たちは、こんなに長期に勾留されますとね、サラリーマンは仕事を失い、中小企業も倒産です」。

武建一は怒りを込め、日本の司法に物申す。

その結果、組合員の減少などが続けば労働組合の力は削がれ壊滅するとの判断だったのだ。

「棘男」武建一「関西生コン」の組合員を管理する関西地区の地方権力に対して、中央権力から課せられた任務は生半可なものでは無く、単なる労働運動の取り締まりだけではなかった。

権力の描いたシナリオは、まず、近畿圏で発生した「関西生コン」関連の様々な労働運動に介入、家宅捜査、加害者、被害者の割り出し、証拠品を押収、それを悉く刑法で照らし合わせ細部まで検証し、その結果、捜査した案件に少しでも疑惑が有れば、その傷口を攻め、拡大し、事件の中心人物を探ったのである。

これは国策捜査と言わざるを得ない。

それに今、「警察国家」は、気が振れたかのように武建一の身柄に対しての警戒が厳しい。

つまり、武建一の身柄は裁判所によって行動は把握されていた。

不思議な事だ。

国家権力は武建一の存在に大きな危機感を抱いているような感じがする。

武建一は左翼系の哲学者ではない。

「関西左翼系最大の組織」「関西生コン」の憲法で保障された労働組合の執行委員長である。

それなのに裁判所は人格を無視して無粋なことを平気でやるのだ。

それに保釈条件が凄く曖昧だ。

武建一は、組合の執行委員長であるのも関わらず組合員、闘いを深く経験した組合役員などとの接見禁止である。

それに弁護士同席でなければ他の組合関係者や関係業者との打ち合わせなどの面会禁止。

また、武建一にとって最も大切な組合の大会や、集会、報告会には出席は不可である。

武建一は組合員と同席して
「飯食ってもアカン！」

「レイコ（アイスコーヒー）飲んでもアカン！」

なのだ。

それに通信手段の滅茶苦茶な規制だ。

ファックス、メール、携帯電話、ライン、チャット、ツイッターなど、ほとんど全部と言って良いほど国家権力、警察官によって盗聴されているので殆ど使っても意味がない。

それに武建一に取ってこれが一番キツイ行為だ。

それは五十年間も自分自身が住んでいる大阪府から、どこか他府県や外国に出る場合は、たった一夜、たった一日でも大手を振って飛行機や新幹線に乗れないのだ。

悲しいことだ。

武建一は活動したいのは山々である。

でも、馬鹿馬鹿しいが動くのにはお目付け役の裁判所の許可が必要なのだ。

それを無視したい。

だが、裁判所は平気な顔して、手下に見張らせている。

違反があればその場で逮捕。

正に雁字搦め。

約束を守らないと保釈義務違反で再度、大阪拘置所に収監されてしまう恐ろしい状態なのだ。

兎に角、ヤバイ！

自由をこよなく欲し、愛する武建一にとって、監視社会の昨今は地獄のような毎日であろうと推測できる。

組合の力は削がれ壊滅、武建一自身の求心力も落ちるとの判断だったのだ。

前後見境もなく滋賀県警は腹を括って武建一が組織する「関西生コン」は日本最大の「左翼系戦闘集団の労働組合」だ、「怖い！　労働者の権利だけを主張する暴力集団だ！」との印象を見る者に無理やり与えようとしたのである。

ここで上手くマスコミとのタイアップ作戦。

温いマスコミは警察発表の無条件で飛びつき、武建一のスキャンダラスな悪名を流し、偶像破壊が起こる。

その結果、組合員の減少などが続けば労働組合が潰れる。

これは国策捜査と言わざるを得ない。

今回の武建一をめぐる一連の事件にはある力の存在を案じなければならない。

武建一並びに関西生コン組合員の逮捕には警察、検察、裁判所が一体になって行動する。

尚、この事件数は五件。

逮捕者はなんと武建一含めて八十九人に上り、その内、起訴七十一名。

この逮捕の規模は労働争議としては戦後最大と言われる三井三池炭鉱紛争にも匹敵する大弾圧である。

現在、この事件の公判が各地裁で進行中であるが、結果は厳しい。

武建一執行委員長などは「懲役八年」など前代未聞の刑期を科される可能性があるのではないかと実しやかに流れている。

当然、全員控訴しているが生活に不安感が残り、長い法廷闘争になる可能性が必死だ。

# Session 2 「拝金主義」者が牙を剥く

当時、武建一は「拝金主義」(Money worship) 者、つまり、金銭を無上のものと信頼し、行動する連中とは意見が合わず行動を別にしていた。

二〇一五年(平成二十七年)十月の事だ。

その頃、武建一の企画力と行動力で、近畿圏の生コン業者の大同団結が具体化し出していた。

「晴れがましい事だ!」。

生コン業界は手放しで喜んでいた。

たが、武建一は協同組合のテーマ「相互扶助」を前面に押し出しているので、「拝金主義」に傾いていた大阪広域協組の理事会とは反りが合わず、理事会はその動きに冷淡、密に反発していた。

しかし、理事たちはそれどころでは無かった。

尻に火が付いていたのだ。

それは、大阪広域協組では近々、理事会の選挙があり、多くの理事たちは自らのポジショニングを守るため、票集めに奔走していたからだ。

重要な理事選挙だ。

この選挙は大阪広域協組自体の今後の在り方を左右する重要な問題を決定する動きであった。

当選が予想される理事の顔ぶれが「金だ！　金だ！」と「拝金主義」を突き進むのではないか考えられていたからだ。

二〇一六年（平成二十八年）四月に大阪広域協組の理事が改選された。

その結果、武建一の思惑は外れた。

案の定、大手セメントメーカーの
「太いロープ付き」、
の人間が理事長に選ばれたのである。

また、ゼネコンの意のままに動くことを肝に銘じて居る多くの理事たちが誕生。

大阪広域協組は、単なるセメント販売の手段として利用できる簡単はシステムとなったのである。

理事たちは新たなシステムを使い熟しながら、それまで運営などで苦労を伴にしてきた労働組

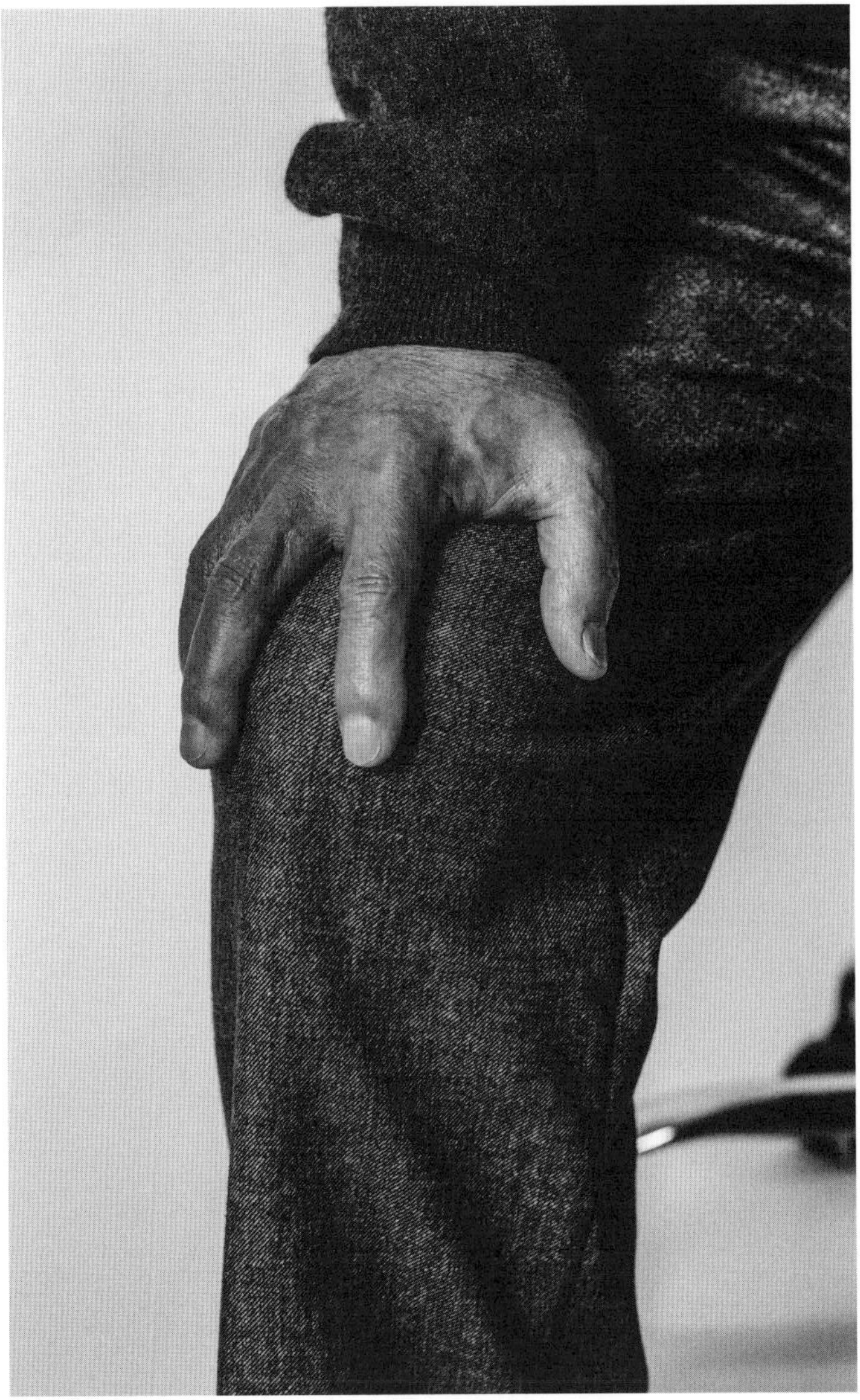

撮影　亀村佳宏

合の中心人物武建一の存在が当然の如く煙たくなったのだ。

選挙後、武建一及び全港湾関係の人脈は理事会から駆逐された。

実権を握った理事たちは武建一をまるで「悪魔」のように扱い、一切敬遠し、無視していた。

新たな大阪広域協組は独裁的な「拝金主義」者たちの独善的運営が始まり、その運営に異を唱える会員たちは恫喝されスポイルされ出していた。

そんな緊迫状態の中、「武建一関連事件」の第二幕が切って落されたのである。

二〇一七年（平成二十九年）十二月十二日（火曜日）の事である。

武建一が率いる関生コン支部は全日本港湾労働組合（全港湾）大阪支部と共に、近畿一円の生コン事業所に対してゼネストを打ったのだ。

このゼネストで近畿圏で運用されていたコンクリートミキサー車約千台が止る大事件になった。

予期せぬ労働組合のゼネストにゼネコンの建設現場は大混乱。

必ず有る筈の生コンが現場に無い。

ゼネコンの工事には珍しい前代未聞の空白時間。

つまり、生コンが無く、総ての工事が止まってしまったのだ。

ゼネストはそれほど大規模な行動であったのだ。

武建一の関西生コン及び全港湾のゼネストの要求は単純であった。

これは二年も前に約束している案件、生コン、セメントの輸送運賃の値上げであった。

しかし、ゼネストを打たれた京都、滋賀、和歌山、奈良の協同組合は要求を受入れ解決した。

だが、大阪広域協組だけが武建一に反旗を翻したいた。

武建一にはこのゼネストにはもう一つの思いがあった。

それは大阪広域協組の民主化であった。

「拝金主義」が蔓延した大阪広域協組の内情は現在、少数の幹部理事によって独裁、私物化され、武建一が要求している輸送運賃値上げなど「尻喰らへ孫市」で、本来なら輸送運賃値上げなどを検討するのが当然だが、ある理事は数千万円もするイタリア製自家用車を買って乗り回すなどで、内情はガタガタとの噂だ。

武建一はそんな大阪広域協組を健全化したいと考えていた。

ゼネストを決行する前に武建一は何度も、独裁的な運営を行っている組合の健全化、また、労働者の賃金交渉に入っていたが大阪広域協組はそのたびに口約束を交わすが、文書にはしない。

文書化を催促すると、逃げ回り、

「ゼネストは止めてくれ。必ず、払うから!」

逃げの一手。

大阪広域協組は賃上げする気は初めから毛頭無かったのだ。

都合が悪いので、逃げ回り、武建一の存在を完璧に無視したのであった。

そればかりか、大阪広域協組はゼネストを打たれた翌日、理事会を開いた。

理事たちは口々に、

「ゼネストは威力業務妨害。犯罪だ！」

として、武建一を非難した挙句、

「関西生コンを業界から一掃する！」

高圧的な宣言を行ったのである。

信じられない事だ。

武建一にとって晴天の霹靂。

武建一は創設時代から苦労して作り上げて来た愛着のある協同組合。

その協組から恩を仇で返すかのように追い出されたのである。

理由は「拝金主義」に突き進む、大阪広域協組の意に沿わないからである。

武建一は暫し静観した。

それでも、大阪広域協組の蛮行は留まるところを知らない。

まず、大阪広域協組の事務所内にまるで武建一を排除する内部組織、警察のようなセクション、

「威力業務妨害・組織犯罪対策本部」まで立ち上げたのである。

また、就任した理事は、

「長期ストで失われたゼネコンからの信頼回復に全力で取り組む」と宣言した。

そしてその運営方針に従って、大阪広域協組は組合名で加盟各社に対して、次のような文書を配布した。

平成三十年一月二十三日
組合員各位

大阪広域生コンクリート協同組合
理事長　木村貴洋

連帯労組と接触・面談の禁止

記

当協同組合は昨年十二月十二日より全日本建設運輸連帯労働組合関西地区生コン支部（以下、「連帯労組」）により行われた威力業務妨害行為に対し、平成二十九年十二月十九日に大阪地方裁判所へ借処分命令申立を申請し、現在係争中です。

仮処分申請の対象は大阪広域組合員全工場です。

また、仮処分申し立て及び今後の対応については、平成三十年一月九日理事会、一月十二日臨時総会において全会一致で決定しています。

そこで、必要な交渉等については、当協同組合顧問弁護団の協力を得て、当協同組合として対応いたしますので連帯労組との個別は接触・交渉等は厳にお控えください。

なお、決議の趣旨に反した場合には、厳正な対処を行うことといたしますので、ご留意ください。

以上

これが配布された書面の全文である。

また、この書面と共に、加盟各社に配られた通知書には大阪広域協組が設置した「組織犯罪撲滅対策本部顧問弁護団」の一覧の名簿が添付されていた。

そのメンバーは、

元大阪地検刑事部長。

元大阪地検特捜部長。

元大阪地検刑事部長。

元大阪地検堺支部長。

元大阪弁護士会会長。

元大阪弁護士会副会長。

他、総勢三十九名。


大阪広域協組が撒いた通知書に「箔を付ける」心算か、警察、検察官や弁護士の「ヤメ検」「ヤメ弁」などの偉いさんの名前を列記したのだ。

大阪広域協組の急激な変貌はそれだけでは無かった。

またまた、天変地異とも思える事件が起きたのだ。

ゼネストから一ヶ月後である。

大阪広域協組は臨時総会を開催した。

その席で挨拶に立った理事長は、

「ゼネストは労働問題ではなく犯罪行為だ！」

と決めつけ、

「関西生コン対策として、十億円。足りなければ二十億円。いや、三十億円の資金は用意をする」

この発言は巷に不正な金が潤沢に回る発端になったのだ。

異常だ。

気が振れている。

「十億円だ！　二十億円だ！　三十億だ！」

この現ナマを提示され、やる気にスイッチを入れ、沸いたグループがいた。

それはナチス・ドイツ（Deutsches Reich）のハーケンクロイツ（Deutsches Reich）の鉤十字の旗を振りかざすレイシスト（Racist）集団だった

「金になる美味しい仕事」、

に有り付いたレイシスト集団はゼネスト直後、大阪広域協組から提供された街宣車で関生支部関係の工場に押し掛け、卑猥な暴言、妨害を繰り返した。

また、関ナマ組合事務所に乗り付け

「武建一を出せ！」

脅迫の罵詈雑言、組合事務所内な雪崩れ込み、襲撃などを行った。

さらにWEBでは有ることない事の口汚い攻撃など目に余るものがあった。

でも、レイシスト集団による攻撃は「関西生コン」武建一潰しのために仕掛けた罠だったのである。

「ストを打たせろ！　その時、一網打尽にするのだ」。


さて、この幾つかの「関西生コン」関連事件の全貌が明らかになるつれ、驚くなかれ、太く黒々とし、重厚な山容を見せる「黒い山脈」の正体が浮かび上がってきた。

「黒い山脈」は、二〇一五年頃に暗黙の了解の元に発足した「棘男」武建一を完全に潰すための官民一体になった謎のプロジェクト（Project）の事である。

このプロジェクトに組み込まれていると思はれる団体を具体的に記す。

まず、プロジェクトを運営するのに当たって、先兵的が役割を果たすのが、法令を駆使し、微々たる事でも傷口を広げ、世間ではこれが動き出したら「大変な危険分子」だと思われせるような団体を作り、フォローアップ（Follow-up）して、「事件を作る！」ことに対しては非常に長けているのが「警察国家」の実践部隊である。

具体的には地元に密着する近畿管区（大阪府、京都府、兵庫県、奈良県、滋賀県、和歌山県）の各警察署の現職の警察官、刑事たちである。

同じく、近畿圏の大阪高等検察庁、大阪地方検察庁の検事、大阪地方裁判所の判事などである。

何故かこの者たちは逮捕や起訴のシナリオを書くのが得意な司法官僚たちだ。

それに武建一が長年の労働運動の一つのテーマとして掲げる、

「産業別労働組合」

に対して、

「中国共産党の人民公社的で、革命のきな臭い硝煙の匂いがする！」

存在に対して忌み嫌う、日本の独占資本の面々と経済団体の役員、研究員、大手広告代理店、外交や経済、軍事アナリスト、科学者、宗教関係者など現在の日本をリードしていると自負する官邸好みのエリートたちである。

また、民間からは事件をスムーズに成立させる為の旗振り役を必要とした。

演じたのが年間売上高数千四百億円を目標にしている日本最大の生コン協同組合である大阪広域生コンクリート協同組合だったのだ。

同組合の内容を知る為に組合のホームページを参照させて頂く。

オープニング・タイトルは、さわやかな映像の下に、

「生きるコンクリート〜安心できる暮らしと社会と未来のために……。

とある。

次のページには理事長の挨拶が組み込まれていたる。

その挨拶を要約する。

「大阪広域生コンクリート協同組合は、平成七年（一九九五年）、経済産業省の構造改善集約廃棄斡旋事業の一環として、関西における生コンクリート業界の需給バランスの調整と、共同販売による組合員各社の経営状況改善を目的として設立されました」。

「二〇一五年以降、大阪府・兵庫県の各協同組合とその周辺各社の加入を経て、現在は、日本最大規模の生コンクリート協同組合へと成長しました。共同販売事業においては、組合員の収益の改善により、設備投資・安全対策・労働環境の改善に取り組めるようになりました」。

今後は、組合体制中小弱者や労働組合との「相互扶助」を前面に押し出した協同組合は現在、年間売り上げ目標数千四百億円を掲げ、日本最大規模の生コンクリート協同組合に成長している。

さて、武建一を毛嫌いする一同が雁首を揃え、コンダタクー（Conductor）指揮者を待つだけであった。

武建一は二人の「指揮者」を予測していた。

「私は、今回の事件に関して、裏で仕掛けたのは長州閥の官邸ではないか」。

前総理は昔の事であるが、阪神淡路大震災の時、恐らく出身の長州のある筋から頼まれたのか、「大阪でコンクリートが入るので大阪に生コン工場を作らせろ！」

と言ってどこかの親分さんが若い者を大勢引き連れて来てた。

「貴様の玉を取るか。工場作らせるか、どっちか！」

と啖呵を切り、凄まれたことがあった。

そんな人間を紹介したぐらいですから、前総理、いや、官邸とはそれ以降、良くなかった。

また、元総理は仲の良いイタリアの高級帽子ボルサリーノ（Borsalino）の愛好者では無いかという。彼は九州の石炭屋とセメント屋の御曹司である。

政治の世界じゃ実力を持ち、そんな関係から全国生コンコンクリート協同組合連合会の議員連盟などの会長。

この御曹司は皇室の学校と知られる学習院出身。

ガサツで下品な関西生コンは大嫌い。

武建一は言う。

「不思議な事ですが何か、私が動き出すと直接のコンタクトは無いが、陰で画策する輩がいる」。

この「黒い山脈」プロジェクトに連なる面々の武建一に対する意見は不思議なことに一致していた。

つまり、武建一、「関西生コン」が提案する「産業別労働組合」運動は、

「危険だ！　目障りだ。だから潰す」

という一言だけである。

階級闘争を考えている「産業別労働組合」と国民の七十パーセントを占める思われる中小弱小企業労働者が一斉武装蜂起したら民主主義国家日本の一大事、見事な崩壊である。

従って、日本の権力の存在を脅かす「革命」的行為は「階級闘争」である。

その闘争の主力「革命のドン」武建一を一刻も、その芽を早く摘まなくてはならない。

だが、世の中、一寸先は闇だ。

武建一にとって予期せぬ事件が起こったのだ。

それはかつて武建一と提携関係にあった大阪広域協組の変貌である。

驚いた。

大阪広域協組「黒い山脈」プロジェクトへの参加であった。

「相互扶助」がモットーのはずが、正反対だと思える「拝金主義」に傾倒、「金だ！　金だ！」に暴走、売上高数千億円を目指すと言い出したからだ。

これは馬鹿な事だ。

気は確かかと疑いたい。

協同組合は「拝金主義」の団体ではない。

運営するに当たって理事たちが守らなくてはならないのは業界内の「相互扶助」である。

それが、理事たちは端したなく「拝金主義」に目が眩んだのである。

さて、「生コン界の生き字引」武建一が問題の「大阪広域協組」の設立に関わりあったのは一九九四年（平成六年）二月頃からの事である。

考えてみれば、なんと二十七年前である。

当時、関西生コンの執行委員長だった武建一は大阪のあるホテルに呼び出されたのだ。

ホテルの奥のラウンジ席に着くと、関西地方の生コン業者の代表四人が雁首を揃えていた。

全員、武建一とは団交の席で遭遇している。

頑固な奴らだ。

髪の毛は奇麗に刈り上げていたが、ヤクザ者では無かった。

四人とも派手なテカテカに光る紺の背広を羽織った五十前後のおっさんだ。

「業界を再建したい。その為には労働組合の力が必要だ」

その代表的な男が切り出した。

四人とも組合活動を嫌い、不倶戴天の敵である労働組合に協力を求めなければならないほど、生コン業界の経営者は追い詰められていたのか。

武建一は呼び出した代表者の一人に何を協力すれば良いのか聞いてみた。

答えは関西地区広域の「協同組合」の設立し、低迷している生コンの「値戻し」をしたいとの事であった。

当時、大阪で「協同組合」に加盟していた生コン業者は四割程度であった。

その他、六割を占めていた生コン業者はセメントメーカーやゼネコンとのコネが全く無い、独立独歩のアウト業者だった。

利害関係者がバラバラの上、欲望丸出しの幾つもの集団を一本化するパワーはその時の生コン産業の経営者たちには無かった。

武建一は「協同組合」の組織化は、日頃から訴えていたことであった。

つまり、セメント業界の苦境を乗り切るには、業界が一致団結するしか方法がない事を肌で知っていた。

従って、この話に乗り、協力するのは当然だと考えた。

だが、「協同組合」を成功させるには大資本からの激しい攻撃に関して、個人、組織全体で耐えきれる覚悟があるか、無いかだ。

「協同組合」はゼネコン・商社から生コン加盟業者に均等に振り分けれるか、そのシステム構築が問題であった。

それに採算の取れる価格を設定し、共同受注、共同販売、シュア運営することで無駄な業者間の競争を抑制することだと考えられた。

生コン業の経営者たちは、

「未来の協同組合を目指す」

全員、「生き残る道」は何処にあるのか、口々に叫びながら歩き出し、万々歳で別れた。

ところで「協同組合」とはどんな組織なのか。

「協同組合」の日本の監督官庁は経産省。

ここに世界で通用する運営原則があるので掲載する。

参考にして頂きたい。


【世界各国の協同組合共通の運営原則】。
◆定義。
協同組合とは、人々が自主的に結びついた自律の団体である。

人々が共同で所有し民主的に管理する事業体を通じ、経済的・社会的・文化的に共通して必要とするものや強い願いを満たすことを目的とする。
◆価値。
協同組合は、自助、自己責任、民主主義、平等、公正、連帯という価値に基づいている。

正直、公開、社会的責任、他者への配慮という倫理的な価値を信条。

◆原則。
●第一原則　自主的で開かれた組合員制
加入・脱退が自由。組合の活動に参加し、事業を利用したいと組合に加入を希望するものは加入を拒まず、強制的に脱退させることはない。
●第二原則　組合員による民主的な管理
組合員それぞれが一人一票の選挙権や議決権を行使して、民主的な方法で組合を管理する。
●第三原則　組合財政への参加
組合員は公平に出資して、組合の事業を利用する。
●第四原則　自主・自立
組合員による民主的な管理を確保し、組合の自主性を保持する。
●第五原則　教育・研修、広報
組合員ひとりひとりの参加意欲を高める。
●第六原則　協同組合間の協同
地域・全国、近隣諸国、国際的に相互に協同する。
●第七原則　地域社会への関わり
魅力的な地域づくりや地域社会の持続的な発展に取り組む。

あまり知られていないが、「協同組合」は政府が認定した国際的な組織である。

趣旨は生活をより良くしたいと願う人たちが共通する目的のために自主的に集まり、その事業の利用を中心としながら民主的な運営を行う、営利を目的としない組織。

協同組合とは生臭い商売の臭いが無く、文化的な組織であると思える。

さて、協同組合の成立に関与した武建一は、

「労働組合と協同組合が本当の意味での協力を果たすことが出来れば必ず値戻しが出来、生コン業界を浮上させることが出来る」

と語る。

そしてその成果は生コン労働者の待遇向上と結び付けることが可能だ。

また、最底辺といわれている生コン産業を浮上させることも可能だ。

武建一がそんな思いを抱いたのは、イタリア視察に出掛けた際に目にした情景だという。

その情景とはイタリア労働総同盟（CGIL）の案内で様々な労働の現場を視察した際に訪れた場所で感じた。

それは街中に奇妙なの建物があった。

その建物はすでに完成しているホテルであった。

だが、何故か、オープンしていない。

案内の担当者にオープンしていない理由を聞いてみた。

案内人は、

「工事の過程で雇用をめぐるトラブルが発生した。これが解決するまでホテルはオープンさせないことで労組と業界団体が合意している」

との返事であった。

イタリアでは都市開発デベロッパー（Developer）の主張よりも、労働者の雇用の方が重要視されているのだ。

この事例を知った時、武建一はこのような社会環境を日本でも構築したいと考えたのだ。

その後、武建一は協同組合の設立に動き出した。

まずは関西生コン、生コン産労、全港湾の三労組で「生コン産業政策協議会」を設立した。

この三労組でアウト業者を担当、協同組合への勧誘活動を展開した。

それは簡単なことではなかった。

武建一は、

「何故、組織化が必要なのか?」。

「何故、業界がまとまることが必要なのか?」。

等々、説得を続けた。

生コンを自由市場にしたら、大仰に笑うのはゼネコンだけである。

だが、アウト業者の生コンは不良品が多く、

「安かろう。悪かろう」

「しゃぶこん」の建物や道路、岸壁、ビルだらけの日本になる可能性がある。

そんな生コン業界の「裏の裏」まで知り尽くしていた武建一は一刻も早く、協同組合を立ち上げなくてはならないと考えていた。

不当なダンピングを排して生コンの適正な価格を維持し、品質と安全性を確保するためにも中小企業が団結した協同組合の存在は建築業界に取っては必要不可欠だと思われた。

その為に武建一は協同組合の設立に全力を投入したのだ。

協同組合には安全な生コンを適正な価格で納め、セメントメーカー、ゼネコンも適正な利益を共有できるシステムがある。

それは建設業だけを守るものではない。

協同組合は阪神淡路大震災や東日本大震災などが発生した場合、建造物や道路の安全性までもフォローできるのである。

武建一はそのシステムを有効に使い、生コンの現場に「革命」を起こす計画を立てていた。

一九九四年（平成六年）七月三十一日、協同組合設立に動いていた関生を含む三労組の主催で、

旗揚げイベントが行われた。

「生コン産業の危機突破・業界再建を目指す自動車パレード」

決起集会会場の大阪南港には約三百台のミキサー車が集結し、そこを起点として大阪各地で「祝い」のパレードが行われた。

デモに参加したのは約千人、それに大阪各地の協同組合の理事や生コン業者の経営者なども参加した。

この席上で武建一は以下のメッセージを発信していた。

「三団体による共闘は大きな社会的影響力を発揮し、組織を超えた団結、行動力が共通の目標に対する確信となり、歴史的意義のある集会となった。さらに業界が仮死状態に追い込まれ、団結する以外に打開策がないという客観条件こそが、十二年間にも及ぶ労使対立を乗り越えさせた。いまこそ、歴史的教訓を生かし、労使が一致して共同受注、共同販売を再構築して広域協組設立を成功させよう」

名文である。

労働組合主催の集会で、経営者が共に拳を上げるなど一度も無かった事だ。

この日、ようやく労使は危機感を共有し、同じ場所に立てたのである。

そして、同じ年の十一月四日、大阪市内のホテルで「大阪広域生コンクリート協同組合」（大阪広域）が正式に発足した。

つまり、今まであった大阪協同組合、北大阪阪神協同組合、阪南協同組合、東大阪協同組合、南大阪協同組合、この五つの協同組合が合併させたのである。

大阪広域協組の初代理事長（住友大阪セメント）はこんなコメントを残している。

「我々は草食動物だ。団結しなければ肉食動物に襲われる」

「労働組合とも協力連帯して肉食動物（大企業）と共に闘うことが必要」

と結んでいた。

大阪広域協組は一九九五年（平成七年）、ついに共同受注、共同販売の体制が整い、「競争から協調」へと体制を変革させた。

また、翌年には七千円（一立方メートル）まで値下がりしていた生コン価格を一万二千円まで回復させていた。

それまで原価を割り込み、売れば売るほど赤字だと言われていた生コンが、ようやく利益が出る価格に戻しのである。

一九九六年（平成八年）になると組織率七十パーセントを超え、加盟は百社を超え、日本最大の大阪広域協組となった。

成果はこれだけではなかった。

一九九七年（平成九年）になると大阪広域協組では画期的な支払システムを導入したのである。支払いの完全現金化である。

これまでゼネコンなどの建設業者からの支払いは「半金半手」が慣例であった。

これは代金の半分は翌月銀行に現金で振り込まれる。

残りの半分は三ヶ月から六ヶ月後に手形で払われる。

この制度は中小零細企業にとっては厳しいものであった。

売り上げはすぐに現金でもらいたい。

そんな経営者の切実な願いが大阪広域協組の一つの取り組みによって「完全現金化」が実現できたのである。

これは全国の協同組合の中では非常に珍しいケースだという。

また、生コン業界では初めての「瑕疵担保保証制度」も導入した。

もし、納品された生コンの品質が悪かった場合、大阪広域協組が全額保証する制度である。

この制度は生コンの質を保つのにも重要であり、施工主のも歓迎されたばかりか、ダンピング作戦を無理やり展開していた命知らずのアウト業者を牽制する意味からも重要な制度であった。

それに労働条件も大きく変化した。

完全週休二日制を導入し、年間休日は百二十五日と決め、年間労働時間も千八百時間と定めた。

これらの取り決めは労働組合と大阪広域協組との協議で決められた。

以上、実現した大阪広域協組の試みは武建一の案が多く含まれ、「生コン界のドン」の名は全国の組合の中で大きな話題になった。

「生コン界のドン」「生き字引き」武建一は、労働組合と大阪広域協組の存在自体と目的は異なるが、ともに協力し合って業界の健全化を果たすシステムだと思い、熱い信念の元、大阪広域協組を成立発展に尽力を尽くしていた。

今日現在は、大阪広域協組の加盟組合の組織率は大阪府下において、驚異、百パーセントを達したのである。

組織率を百パーセント迄追い上げたのは「生コン界のドン」武建一の縁の下の力持ち的頑張りであった。

武建一は常に業界全体の事を考え、時には労使の枠を超え、経営者間のトラブルや組合間の問題でも間に割って入って良い様に解決を見て来た。

そのような行動は業界健全化のための一石二鳥であると武建一は信じていたのである。

喜ばしいことだ。

それまで生コン乱売合戦で一立方メートル当たり、一万円を割っていた生コン価格は一万五千円代まで回復した。

さらに二〇一九年にはなんと二万一千八百円まで上昇、関西の生コン業者は大幅な利益を計上した。

武建一は生コン業界で働く、労働者の賃金も上がるし、生コンの品質向上に役立ったと思っていたからだ。

そして、武建一は、大阪広域協組が大企業からの業界支配に抵抗し、その防御策として、中小企業の利益を守るために組織されたのであると信じていた。

だからこそ、資本の弱い中小企業など立場にある者同士が団結する必要があると武建一は考えていた。

だが、武建一が思い描いていた理想の大阪広域協組に成り掛けた途上で、問題が発生し、「相互扶助」を今後の運営方針としていた武建一と大阪広域協組は「「拝金主義」をテーマに生き続けるのか、甚だ疑問だ。

# Session 3　仕掛けられた「罠」

ストライキ。

これは人民に与えられた最大の「命」であり、「武器」である。

武建一は絶えず吠える。

何を躊躇するストライキを打て！

いま日本ではストライキを真面目に打てる組合はほとんどない。

そんな中、労働組合の活性化を念じてゼネストに武建一は挑戦したのだ。

保釈後、二年ぶりに事務所に入り、武建一は窓ガラスに掛られブラインドのカーテンを指しながら、

「ここね。対岸の中央市場の向こう側からカメラでこちらの動きを撮っている。火曜日のゼネスト以来、厳しい監視の目が有った。権力の狙いはゼネストを指示したとして私を共謀罪で引括る

撮影　亀村佳宏

計画だったようだ」。

敵側の装置を発見した武建一は策略には乗らない様に万全を期している。

「実は逮捕される前からこの時間帯。自宅を四時頃に起きてこの事務所に自動車で来て仕事をしていた。つまり、午前中、様々な書類や組合員たちの生活の話を聞き、書類に目を通し、十一時半ごろ、近くの食堂でランチタイム。午後は組合の会議、友好関係にある組合、関係先などとの打ち合わせなどで潰れるので、平日は夜遅いですね」

解放後、初めて事務所だ。

ストライキの結果、「警察国家」は武建一、関西生コン潰しを始めたのである。

ただ、ストライキは憲法二十八条によって労働者に認められている権利。

その権利は労働者の団結権、団体交渉権、団体行動権、つまり、労働三法を保証していた。

その上、労働組合法ではストライキなど団体行動権の行使は刑事罰の対象にはしないと定められている。

ゼネストの現場には、開始前から多くの機動隊が配備され、ものものしい雰囲気であった。

関西生コン支部の組合員は他のグループのミキサー運転手にゼネストへの協力を要請、声を掛けたり、ビラを渡していていた。

では、何故、ストライキをこれほどまでに毛嫌いするのか。

そこには「警察国家」の強い思いがある。

このゼネストは権力側が複雑に入り組み、仕組まれた罠が多くあった。

まず、武建一に反旗を翻した大阪広域協組。

その動きが異常ただだった。

それは、武建一が逮捕される一か月ほど前の事だ。

兆候が表れていた。

企業の法令遵守「コンプライアンス（Ccompliance)」事件である。

手を付けたのは滋賀県警であった。

事件に関与したとされ湖東生コン協同組合の理事長と副理事長が、恐喝未遂容疑で逮捕されたのだ。

恐喝した相手とされているのが資本金百四十億円。従業員四千人のゼネコンである。

そのゼネコンは清涼飲料水メーカーの倉庫建築を受注していた。

その情報を聞いた理事たちは、

「これは商売になる」

と踏み、

「是非とも地元の生コン協同組合から生コンを買ってください」

理事長と副理事長が、雁首揃えてゼネコンに働きかけたのだ。

その行為は言ってみれば普通の営業行為だ。

両理事は会見を申し込んだ。

ゼネコンの担当者は会見に応じたが、両理事に対して、ゼネコン側は、

「今回の工事は他の生コン業者の手配で施工を行うと断言」

つまり、工場建設を引き受けたゼネコンは工費を安く抑えるため、品質や安全性などを度外視し、命知らずのアウト業者を使う決断をしたのだ。

この選択はゼネコンに取っても、生コン業者に取ってもマイナスである。

つまり、企業の社会的責任より、利益優先「拝金主義」のゼネコン側の言い分が先行するのだ。

ゼネコンは、工事費用を何とか安く抑えるため、生コンの仕入れをコントロール出来ることは経営的には成功であった。

だが、近畿圏は高速道路やマンションが崩壊した阪神淡路大震災の苦い経験がある。

でも、アウト業者を使う、「拝金主義」のゼネコンの経営者は利益が上がって万々歳。

ゼネコンは工場を造れば良い。

しかし、ゼネコンには社会的な責任がある。

また、生コン納入業者にも、事故があった場合、社会的責任がある。

以上の観点から、逮捕された理事長たちは生コンを協同受注・協同販売システムが機能すると考え協同組合からの購入を提案したのである。

だが、不思議なことだがこの現場にも「黒い山脈」と目される男が潜んでいた。

この処理問題に関して見えない顔が関与していたのだ。

その「コンプライアンス」の現場はゼネコンの工事現場にあり汚水や汚泥が近くの側溝に流れ込んでいたのだ。

これは近隣の環境破壊をもたらす重大な法令違反である。

環境を大切にしている近畿圏。

その水源地琵琶湖を控えた滋賀県。

これは完全な法令違反。

絶対に許されない。

ゼネコンの責任で完璧に汚染水や汚染土を除去しなくてはならないのだ。

だが、不思議なことに、ゼネコンはやらない。

「生コンを買って欲しい」

と言った理事長と副理事長は運が悪かった。現場で起こっているコンプライアンス問題を知り、世間話と交えてゼネコンの幹部との打ち合わせの席で、

「買わなければ大変なことになりますよ！」

と言ったのである。

その一言を捉えた警察は理事たちの恐喝未遂の決め手としたのである。

警察は生コン購入問題とコンプライアンス法令遵守問題がごっちゃにして入り組み、交差させてしまったのである。

つまり、生コンを買わなければ、ゼネコンのコンプライアンス問題を公表する的な発言、

「大変な事になる！」

の一言を警察に恐喝未遂と取られたのである。

だが、打ち合わせに席には滋賀県警の刑事は居ない。

その場にいたのは逮捕された協同組合の理事。

それにゼネコンの担当者である。

でも、その一言を何故か滋賀県警は知っていたのだ。

では、誰がどんな目的で滋賀県警にリークしたのか。

謎である。

状況証拠として、御身大切を感じていたゼネコンの担当者が、捜査当局にコンプライアンス問題で理事に、

「脅された」

と吐露したか。である。

それに、問題はこの事件の現場に不在の武建一はこの事件でも恐喝の容疑で逮捕されているのである。

何故か、釈然としない。

武建一は爆弾的に告白する。

「今回の場合、酷いのは、司法取引をやっている」。

「うちの組合員を逮捕し、警察、検事の言う通り自白させる」。

つまり、「黒い山脈」の描いたシナリオに沿った自白をさせる。

その裏には、

「次は逮捕しない」

組合員との密約がある。表向きは脅す。

「お前、何遍でも逮捕せんとアカンけど、我々の言う通りに動いてくれたら逮捕は勘弁しておくよ」。

つまり、「警察国家」は現実に逮捕せずに、泳がせ、様々なことを聞き出し、拡張した調べを元に罪なき組合員を逮捕するのだ。

武建一は言う。

「私が逮捕された滋賀県の恐喝事件の場合、ひとつの例を見ますとね、会館建設のためにカンパをすると一千万円頂いたんですね。その一千万円を持ってきた人と、それを介在した人、その人たちを警察は被疑者扱いしたんです。つまり、関西生コンの会館を建設する話があり、その建設に金を寄付する」。

「だが、警察は寄付したのではなく、逮捕をチラつかせ、金を武建一に脅されたと供述させるのだ」。

「被疑者扱いというのは、彼らの思惑通りに供述しなければ逮捕するということですわね」。

「中小企業の社長は、そうされたら会社が持ちませんからね、結局、警察、検事のシナリオ通り脅されたと供述してしまう。それが、最初、被害者意識はないのに、何年の前の事で事務処理も済んでいるのに、それをほじくり返して、恐喝だと立件して逮捕する」。

兎に角、コンプライアンス問題の犯意が全く違う恐喝問題までに広がり、滋賀生コン協同組合は青い気吐息である。

現在の生コン業界は「拝金主義」に毒され、表向きは奇麗ごとを言っているが、実際、裏ではどんなやり取りをしているか不明だ。

今の世の中、誰が、何の目的で潜んでいるのか、一寸先は闇の世の中。

端的に言えば、日本を仕切る官邸頭脳集団の「官僚」であり、あらゆる産業に手を出し、利益だけを追求する独占資本の「拝金主義」者である。

そして悪辣なのは政治的利権に纏わり着く永田町の妖怪的政治家である。

この連中は、今の「富」、つまり日本国が世界で活躍して生産される豊かさを骨の髄までしゃぶり、とことん謳歌したいのだ。

現在、日本の上流社会に存在する「御上」たちは自分たちが独占的に得ている「富」を、対抗勢力である階級闘争の「産業別労働組合」に強奪されたくないのだ。

そんな輩たちに取ってゼネストを武器にする武建一の存在は恐怖であり、邪魔なのだ。

つまり、様々な出来事に「本気」で対応する武建一の鋭い言動や行動に対して恐怖感、嫌悪感を抱き、右往左往している輩には怪獣のように恐ろしい存在なのだ。

「国家」に盾突く者は総て幽閉する。

権力の常套手段である。

ストライキ（Strike）。

これは人民に与えられた最大の「命」であり、自らを守るための「武器」である。

何を躊躇するストライキを打て！

だが、悲しいかな今、日本の企業の中でゼネストを打てる組合はほとんどない。

武建一は挑戦したのだ。

結果、国家権力は真剣になり、武建一、関西生コン潰しを始めたのである。

ただ、ストライキは憲法二十八条によって労働者に認めらえている権利である。

その権利は労働者の団結権、団体交渉権、団体行動権、つまり、労働三法で保証している。

その上、労働組合法ではゼネストなど団体行動権の行使は刑事罰の対象にはしないと定められている。

事件の現場には、ストライキ開始前から多くの機動隊が配備され、ものものしい雰囲気であった。

関生の組合員はミキサーの運転手にゼネストへの協力のための声を掛たり、ビラを渡していた。

国家権力は、現場では組合員を逮捕できなかった。

しかし、ストライキから半年経過した二〇一八年（平成三十年）六月、大阪広域協組はゼネストを打った武建一を含めた関西生コンの組合員を威力業務妨害で大阪府警に対して刑事告訴した。

この告訴によって二〇一八年（平成三十年）七月から二〇一九年（平成三十一年）二月まで関西生コンへの大弾圧が始まり、武建一始め逮捕者八十九名、その内、七十一名を起訴され、主犯と目されている武建一は滋賀県警に拘留中に威力業務妨害の容疑で大阪府警に逮捕されたのである。

事件と想定されている事件から九ヶ月もたっての逮捕だった。

前代未聞である。

だが、武建一はゼネストの現場に居なかった。

現場に居ない者が威力業務妨害できるのか。

「共謀罪」の適用のテストケースか甚だ疑問だ。

様々な出来事に「本気」で対応する武建一の鋭い言動や行動に対して恐怖感、嫌悪感を抱き、右往左往している輩には怪獣のように恐ろしい存在だ。

# Session 4　凶暴な「虎の尾を踏む」

幸か不幸か、ゼネストの現場の一つになったのが大阪港に面した宇部三菱セメントのサービスステーションであった。

武建一はそこを舞台に意識的にゼネストを打ったのである。

だが、ゼネストの陰で眠りこけていた一頭の老いた「虎」が居た。

武建一は意識的にその「虎の尾」を踏んでしまったのである。

「虎の尾を踏む」。

中国の故事、諺で「虎の口に手を入れる」とか、極めてリスクが多く危険な事を承知でする事だ。

武建一は計画的かつ実験的、かつ興味深く凶暴な「虎の尾を踏み」、その反応を観察したのである。

思った通りの反応であった。

撮影　亀村佳宏

「虎」とは天下の三菱と宇部興産である。

武建一は宇部興産の感想を言う。

「東京のセメントメーカーは大口需要地。例えば九州の福岡。近畿の大阪。中部で言えば名古屋。関東は東京などで大口需要地には直営工場がある」。

「その直営工場は東京のセメント会社が出資をしているんですが、少数なんですよ。特に大阪の場合は全体の工場数の十パーセントもいってないんですよ。なのに、東京のセメントメーカーが人事を決めるんです。その東京で決めたものを押し付けてきていたんです」。

「それを我々、労働組合は、これは越権行為だ、と取り組んで二〇一四年(平成二十六年)でしたか、東京で人事などを決めることに反対し、大阪で決めたんです。中小企業と我々の関係で、ようやく自立したということで、歩み寄って歩んでいるときに、こういうときに我々は弾圧を受け、その間隙を縫って、宇部がこそっと入ってきた。という構図ですね。宇部は」。

一方、三菱は総ての業種が業界のナンバーワンでなければ許されないのに三菱セメントは当時、業界六位として低迷していた。

そんな状態を打破するため一九九八年（平成十年)、業界五位の宇部セメントと合弁したのだ。

つまり、業界五位と六位が合併したのだ。

合弁するに当たっては企業の面子を保つため、合併方式も強者が弱者を飲み込むという単純な方式では無かった。

資本も五〇パーセント五〇パーセントの対等。

それに人事面でも考慮。

代表取締役を毎回、宇部、三菱と交代で出すという、理想的な合弁会社を設立したのである。

現在、宇部三菱セメントは業界二位の地位を占め、今や一位の太平洋セメントに肉薄する勢いである。

さて、三菱の合弁相手になった宇部興産は中国地方の大手地場資本の一つで、総合化学メーカーである。

創業は古く戦前、瀬戸内海の海岸の海底炭田沖ノ山炭鉱を掘っていた。

しかし、質の悪い亜炭しか出なかった。

だが、戦時中は、その亜炭を国鉄の蒸気機関車や海軍の蒸気船のエネルギーとして供給してきたのだ。

突然だが、ここに一冊の本がある。

ドキュメンタリー映画「棘」独白〜を制作するに当たって映画監督の杉浦弘子は神田古書街の古本市を探り、手に入れたものだ。

本の重さは約十キログラム。厚さは十五センチ。幅は二十五センチ。高さは四十五センチの箱型だ。

ページ数は八百九十六。

ケース入りの豪華本である。

ケースから引き出すと、書名が記されている。

『中安閑一傳』

第四代宇部興産社長の自伝である。

発行は宇部興産。印刷は大日本印刷。発行は昭和五十九年（一九八四年）十月三十一日。非売品である。

中安閑一は地元の名門旧制県立山口中学校から東京高等工業学校（現東京工業大学）に入学した。中学校の同級生には岸（佐藤）信介が居た。

中安閑一は東京に出たが実家が傾き貧乏生活だった。

それを助けてもらったのが東京帝国大学の法学部で勉強をしていた岸信介であった。

岸信介は山口中学では同級生であったがもう結婚をしていた。

『私の履歴書』がこの自伝に転載されていたので、引用してみる。

「私は彼の家に金を借りに行った。ところが、珍しく彼は懐中皆無。困っている私を見て、彼は『ちょつと待って』と言いながらタンスの引き出しをガタガタやり始めた。そのうち、中から奥さんのきれいな着物を取り出し『これを持って質屋に行け！』という」。

「私は彼の友情についホロリとした。」

「すまんな」

詫びながら、その着物をふろしきに包んでいると、そこの奥さんのご帰還である。

しまった、と思ったがもうおそい。

彼がどう弁解するのかハラハラした。

ところが彼はいとも平気な顔をして、

「お前は知らんだろうけどこの着物は質屋にいうところに持って行き、金を借りるんだ。質屋は庶民金融の代表のようなもので、貧乏人には大変ありがたい。お前は何も言わず我慢してくれ。人助けだからな……」。

もう二つ、岸信介との接点がある。

戦中、朝鮮から帰って中安は天下の素浪人となった。

中安はとりあえず、朝鮮セメント時代に世話になった旧友岸信介に挨拶に行った。

当時、岸信介は東條英機内閣の商工大臣であった。

面会したのは昭和十六年（一九四一年）十二月八日であった。

つまり、太平洋戦争勃発の日だった。

中安閑一は大臣室に入るといきなり
「とうとうやったな」。

すると岸信介は額をさすりながら
「始めたよ。仕方なかった」。

「相手の戦力を良く知ってるのに、戦争を始めて、一体どう始末をつけるともりか」

聞いたがだんまり。

岸信介は、

「石油の供給ルートを切断されている。やむを得ず開戦に踏み切った。」

さらにもう一点は終戦後である。

経済官僚であった岸信介はA級戦犯だったのである。

戦勝国による極東軍事裁判の被告となり岸信介は昭和二十年（一九四五年）九月、かつて東條英機内閣の閣僚であったことを理由にアメリカ第八憲兵司令部から呼び出しを受け、山口県の自宅から出頭、そのまま横浜刑務所に収容された。

中安閑一は東京の宇部興産内に岸信介救援本部を設立した。

岸信介は不起訴のまま昭和二十三年（一九四八年）十二月、釈放された。

このように岸信介と宇部興産の関係は深い。

さて、宇部興産は戦後、いち早く総合化学メーカーとし瀬戸内工業地帯の中核として展開していった。

宇部興産は明治維新から続く長州閥の本拠地宇部にある。

場所柄、宇部興産は長州閥の多大な力を受けている。

薩長土肥（薩摩藩、土佐藩、肥後藩、長州藩）は明治維新以降の日本の政治を握り、大きな力を持っていた政治家や官僚は多く輩出する風土がある。

当然の事、明治維新以降の日本の政治を牛耳ってきた長州閥。

「昭和の妖怪」首相岸信介、同じく弟の首相佐藤栄作、そして安倍晋三の一族が長州ではがっちり手を握っている。

歴代の首相経験者は安倍晋三を入れ、なんと九名。

信じられない数だ。

初代総理大臣の伊藤博文、三代山縣有朋、第十一代桂太郎、第十八代寺内正毅、第二十六代田中義一、第五十代岸信介、第六十一代佐藤栄作、第九十四代菅直人、そして、第九十代安倍晋三である。

そして不思議なことに世界的なマルクス経済学者の河上肇。

また、日本共産党の初代議長野阪参三、次の議長の宮本賢治も長州出身である。

尚、余談だが戦後の組合運動のスターの一人だった元総評議長太田薫は大阪大学工学部卒業後宇部窒素（現宇部興産）に就職、企画課長から宇部労組の委員長に転進、労働運動一筋に歩んでいった「鬼才」である。

それはさて置き、宇部三菱は業界ナンバーワンの覇権を得るため来年、二〇二三年（令和五年）には三菱マテリアルと宇部興産は対等合併して、その上、現在の宇部三菱セメントを吸収してセメント総合商社を設立する予定であるという。

その合併によってセメント業界の第一位になると予測されている。

つまり、生コン業界も再編成の兆しがあり、それをいち早く感知した宇部三菱は秘策を練っていたのである。

さて、宇部興産の伊佐セメント工場はなんと国立公園に隣接している。

緑一面の日本最大級の石灰石の台地「秋吉台」である。

その中は天然記念物「鍾乳洞の秋芳洞」だ。

その端にまるで異次元、月面のクレーター（Crater）のようなセメント採掘場が「地球の傷口」を大きく開けている。

採掘されたセメントの原料はそこから瀬戸内海に面した宇部港に向かって一本のセメント道路が走り、その道路で運ばれる。

この道路は片側二車線、全長三十キロのセメント運搬トラック専用道路である。

勿論、この専用道路の所有者は宇部興産で日本一長い私道である。

この道路によって宇部港に運ばれたセメント原材料を専用船で日本及び世界各地の生コンサービスステーションに運ばれるのである。

さて、今回の事件を細部まで検証すると深く沈み込んだ「黒い山脈」が不気味な顔を出だす。

その「黒い山脈」の力の基礎となっているのが、「御上」の存在である。

「御上」。

それは絶対的権力者である。

「邪魔者は消せ！」

この論理こそ「御上」がすべての反社会的な行動、考え方を露骨に敵対した表れである。

では「御上」とは何なのか。

端的に言えば、日本を仕切る官邸頭脳集団の「官僚」であり、あらゆる産業に手を出し、利益だけを追求する独占資本の「拝金主義」者である。

そして悪辣なのは政治的利権に纏わり着く永田町の妖怪的政治家である。

この連中は、今の「富」、つまり日本国が世界で活躍して生産される豊かさを骨の髄までしゃぶり、とことん謳歌したいのだ。

現在、日本の上流社会に存在する「御上」たちは自分たちが独占的に得ている「富」を、対抗勢力である階級闘争の「産業別労働組合」に強奪されたくないのだ。

そんな輩に取ってゼネストを武器にする武建一の存在は恐怖であり、邪魔なのだ。

つまり、様々な出来事に「本気」で対応する武建一の鋭い言動や行動に対して恐怖感、嫌悪感を抱き、右往左往している輩には怪獣のように恐ろしい存在なのだ。だから、故大槻文平の言とつながる。

つまり、大槻文平の論理は「国家」に盾突く者は総て幽閉する。

権力の常套手段である。

だが、野放しにて打たれたら難儀するのがストライキ（Strike）である。

これは人民に与えられた最大の「命」であり、自らを守るための「武器」である。

何を躊躇するストライキを打て！

だが、悲しいかな今、日本の企業の中でゼネストを打てる組合はほとんどない。

武建一は挑戦したのだ。

結果、国家権力は真剣になり、武建一、関西生コン潰しを始めたのである。

ただ、ストライキは憲法二十八条によって労働者に認めらえている権利である。

その権利は労働者の団結権、団体交渉権、団体行動権、つまり、労働三法で保証している。

その上、労働組合法ではゼネストなど団体行動権の行使は刑事罰の対象にはしないと定められている。

事件の現場には、ストライキ開始前から多くの機動隊が配備され、ものものしい雰囲気であった。

関生の組合員はミキサーの運転手にゼネストへの協力のための声を掛たり、ビラを渡していた。

国家権力は、実際、何十人の組合員を現場で逮捕した。

# Session 5 「影の総理」人斬り文平

「武建一に箱根の山を越させるな！　日本の資本主義の根幹に触れる」

東京・霞が関で叫んだ男がいた。

その男の名は大槻文平。

大槻文平は財界の「影の総理」とも言われ「日本財界の総本山」、旧日経連（日本経済団体連合会）の会長、日本石炭協会、日本セメント協会の会長、三菱財閥のメインカンパニーの三菱マテリアル会長などを歴任した財界の大御所である。

この大御所と武建一は気が合う事はなかった。

当然である。

それは何故か、武建一の存在は大槻文平の理解を超えていたのだ。

大槻文平はお国の為、財閥「三菱」のために滅私奉公。

撮影　亀村佳宏

だが、「棘男」「労働界のレジェンド」と呼ばれる武建一は違う。

人民の為、社会の為、一身を捧げているのである。

つまり、哲学の違いだ。

奄美群島の徳之島で生まれ、大阪のタコ部屋から育った武建一が率いる「関西生コン」支部の運動は、組合員たちの生活を守るため、国家権力や独占資本や、ヤクザなどと闘い、数々の弾圧を受けらながら、しかも組合の組織率は七〇パーセントを超えてるばかりか、階級闘争でもある「産業別労働組合」など新しい労働組合の方向性など新しい成果を示している。

武建一は大槻文平に遭遇した事がある。

武建一は、

「私は大槻文平氏の講演会を聞きに行った」。

という。

その経緯はこうだ。要約する。

武建一は一九七八年（平成十年）に山口組系暴力団に拉致監禁され、殺されかけたが。「島もん」の掟で命拾い、無事、生還した。

武建一はその時の状況を気軽に語る。

「いや、頭に傷を受けて、大怪我をして新聞にも大きく載りました。だが、身体は、こんな事ではへこたれん。元気だ」。

「そう、暴力団から開放された、次の日。東京で大槻文平氏の講演会があると聞いた。それに招待状があると言う。俄かに信じられなかったが。」

だが、招待状はあった。

招待者は大槻文平ではなく、大槻文平の知人だった。

「招待状を頂いたのは昔、大槻文平氏が関係していた三菱の石炭労組の関係者だった」。

「当時、炭鉱は炭産労組と言って一般的には戦闘的と言われていた。でも、戦闘的と言っても労使が居酒屋で酒を飲み、馴れ合いなんですよ。みんな御用組合だから」。

炭鉱とセメント。

地下に潜る。

何か共通点があるのか、人的交流もある。

大槻文平は炭鉱育ちで、石炭協会長の任にも付いている。

そんな関係で炭労の幹部が、生コンの労務管理者と生コン業界に入り込んでいたのである。

この幹部が講演会の招待状を持って現れたのである。

東京・大手町の大きな会場であった。

大槻文平は「影の総理」と噂されるだけ広い会場は満杯。

武建一は炭労の幹部に引き攣られて演台の前に陣取った。

話し出した大槻文平は武建一が目の前に座っているのに始めの内は気が付かなかった。

だが、話し出して五、六分した時、会場がざわつき出した。

「なんであの男を招待したんだ！」

と言って、場内騒然。

大槻文平は演壇から降りてきて武建一を招待した人をこっぴどく怒っていた。

憮然とした武建一はその場を退席した。

それが大槻文平との最初の出会いであった。

大槻文平は当時、生コン関係にも手を伸ばし、日本セメント協会の会長でもあった。

つまり、実力者だったのである。

大槻文平の信奉者は多かった。

その信奉者の一人が今も健在です。

その人は福井の人。

「福井県の中で一番高いビルが自慢の三谷商事。その三谷商事の会長、三谷宏治さんという方です」。

「身長が一メーター四十センチくらいしかなくて」、

「自分の身体はそんなもんですからね、と平然と言い、根性だけは強いですよ」。

でも、

「絶対妥協しない。そういうスタイルの人でしたけど、この人が、大槻文平氏のことを親父と言うのですね」。

その人は武建一に、

「私の親父は武さんの闘いに絶対妥協しないと言っていた」。

つまり、「私の父親」とは大槻文平の事だ。

武建一は嫌われたものだ。

当時、武建一は一九八〇年（平成九年）から一九八一年（平成十年）に掛けて全国的に運動を展開していた。

その運動を、大槻文平は、声を荒立て、居並ぶ政治家や官僚たちに向かって、

「武建一率いる関生型運動は資本主義の根幹に触れる運動だ！」

論陣を張り、抵抗したのだ。

だが、武建一は大槻文平の息の掛かる三菱鉱業セメントを追い込み、勝利を挙げていた。

その後、三菱関連の工場で争議が発生した。

その争議は横浜の三菱系の直営工場で働いていた日雇い労働者。

その労働者は仕事が少なくなったとの理由で解雇されたのだ。

でも、裁判では、

「それは供給事業との関係だから解雇は当然だ」

という決定が下った。

だが、武建一は裁判の決定はどうであっても、労働者をまるで襤褸雑巾みたいに使い捨てするのは許せないと判断、大阪の三菱系の工場にストライキを打った。

三菱も負けてはいない。

工場にロックアウトかけて来た。

この争議は解決案が見つからず、六カ月も凍結した。

その闘争の真っ只中に、福井の三谷宏治と武建一は両者相譲らない交渉事があった。

その時、三谷宏治は武建一にこう言った。

「うちの親父は絶対妥協しないと言っている。それにさすが（武）委員長も、これはどうにもできないでしょうね」

だが、武建一は、

「いやいや、相手がそれほどの日本を代表している財界の人だから、相手に不足は無い。我々は良いチャンスを与えられた。強い相手と闘うことは、我々が鍛えられることになるから、良いチャンスをもらったようなもんだ」

と返した言う。

武建一の話を聞い三谷宏治は、

「ええ？　そういう考え方もあるのか、とびっくりしておった」

その後に、二〇〇〇年代に入ってから、三谷宏治が関係する会社が大阪で生コン工場を買うか、買わんかという話の時に、
三谷宏治は、

「そこそこに武さんが関係していたら、大阪には手を出してはいかん」

と部下に言ったという。

武建一はこう話す。

「財界では、大槻文平氏は「財界の影の総理」と言われるくらいの人でしたからね。それを相手にして物ともせず、私はこう言ってやったんです」。

「三菱なんか、巨大な力の会社で、しかも巨大な力を持っているよう見えるけど、一皮向けば、たいしたことないよ」

「会社を支配しているのは極少数じゃないのか。働いているのは多数。この多数が団結すれば、こんな少数の会社、巨大と言われているのは大したことないよ」

「だから我々が最後に勝利するんだと。しかも大槻文平氏は歳からすれば、私よりずいぶん上だから、私より先に逝きますよ」。

「その通り大槻さんが先に亡くなりましたけど」。

さまざまな場面を聞いていると武建一が大槻文平に忌み嫌われたのだ。

その証拠に大槻文平はセメント業界紙『コンクリート工業新聞』以下の発言をしている。

「組合運動の範囲を超えた組合があって、セメントの不買なども行われており、こうした動きを十分警戒しなければならない」。

「範囲を超えた労働組合」とは、

勿論、武建一が率いる関西生コンの事だ。

これは日本セメント協会の会長としての発言で、協会の総意と考えてよい。

そして、前述の「箱根の山を越させない」の発言に象徴されるように武建一は「拝金主義」日本のセメント産業を健全な在り方に追い込んだのである。

数々の刑事弾圧を受けても武建一は一歩も引かない。

権利獲得だけは強かに行って来た。

その成果が大槻文平などセメント資本家には許せなかったのだ。

それに、大槻文平が気に入らないことがあった。

自身が会長を務める三菱鉱業を武建一率いる関西生コン支部にから追及されていることだった。

それは武建一が闘いの柱にしていた「背景資本」の追求であった。

その追及された組織に三菱直系の社員が存在していたのだ。

その「背景資本」を強く大槻文平に追及したのである。

また、武建一の関西生コンと大槻文平が遭遇したのは生コンの輸送会社の争議であった。

神奈川県川崎市にあった鶴菱運輸である。

この運輸会社は百パーセント三菱鉱業資本の子会社であった。

つまり、大槻文平の息の掛かった会社である。

この会社は従来通り、運転者組合からミキサー運転手の供給を受けていた。

だが、生コン業界も合理化を迫られ、突然に運転者の雇用契約を破棄し、全員を日雇いにすると通告したのだ。

「背景資本」、つまり親会社は三菱である。

この理不尽な通告に怒った労働者たちが、上部団体の全自運（全日本自動車運送連盟）に加入した。

すると即座に会社側は全員を解雇したのである。

武建一は関西生コン支部オルグ団を関東にまで派遣するなど、争議を全面的に支援した。

そこで武建一のアイデアが生かされた。

それは三菱関連商品の「不買運動」である。

大槻文平にはそのアイデアは関知していたが打つ手がなかった。

実際に運動が始まってみると、「三菱」と名の商品はほとんどがボイコットの対象にされた。

セメントだけではない、飲み屋で隠れ三菱のキリンビールも飲まない。

大三菱の全商品や銀行、証券、電気製品、自動車などに「不買運動」の効果が徐々に表れ出だしたのである。

その不買運動は関東圏だけでなく、関西圏まで波及、大阪の三菱関係者は青い気吐息になり
「三菱が大阪でなくなる!」

と大槻文平に泣きついたという。

また、デモ隊は三菱グループが集結する東京・丸の内のオフィス街でも、旗を立て、抗議活動を続けたのである。

これには大三菱の本拠地丸の内の事なので、面目を潰されたと大槻文平は激怒したという。

結局、鶴菱運輸闘争で最初に音を上げたのは三菱、大槻文平であった。

「背景資本」三菱の責任を明確にした闘争であった。

武建一と関西生コンの完全、勝利であった。

日本の労務管理人「人斬り文平」の異名を取った大槻文平。

大槻文平は一九〇三年（明治三十六年）七月二十七日、福島と宮城の県境を流れる阿武隈川のほとりの雪深い丸森村に生まれた。

地元の中学から、一校（第一高等学校）から東京帝国大学法学部に進み、三菱財閥に入社した。

大槻文平が入社した三菱財閥は明治維新の混乱をビジネスの好機として捉え廻船業に乗り出したのが三菱財閥の「祖」岩崎弥太郎であった。

岩崎弥太郎は明治新政府に太い人脈を築いた政商である。

その中でも幕末の志士坂本龍馬や長崎のグラバー邸などの持ち主、スコットランド（Scotland）出身の武器商人トーマス・グラバー（Thomas Glover）とも親交が深かった。

今でも戦争は最大のビジネス・チャンスと言われるが、幕末から明治維新にかけては御多分に漏れず、政商たちにとっては最大の出来事が起こっていた。

明治政府の初めての海外派兵を台湾に出兵した。

当然、岩崎弥太郎が率いる軍船が使われた。

この軍船は明治維新で藩が崩壊、必要で無くなった藩船を言い値で叩き、手に入れた藩船を連ねて船団を作ったのである。

また、岩崎弥太郎は西郷隆盛を「逆賊」反逆者とした西南戦争の戦場に日本全国から多くの兵士や武器、戦時物資を軍船や車で陸路を運んだのである。

当然、巨大な富を稼ぎ出した。

その後、明治政府は富国強兵政策を進め、欧米諸国と肩を並べるようになっていた。

「三菱は国家なり」。

日本の兵器廠として自他共に認めていた「三菱」はその後、「軍国主義」日本の軍事産業の道を歩き出していった。

その一弾として江戸幕府直轄の「長崎溶鉄所」を引き継いだ明治政府工務省所轄「長崎造船所」を一八八四年（明治十七年）、三菱が買収、経営に参加したのである。

長崎造船所を手に入れ、海軍と共に三菱は海軍力の勃興を前面に出し、戦前は戦艦「武蔵」をはじめ多くの戦艦を造船していった。

そして、三菱は太平洋の空を一時は制空権を握った名機「ゼロ戦」（零式艦上戦闘機）を製作したのである。

今でも三菱工業長崎造船所ではイージース艦など多くの戦艦を作り出している。

正に、国と共にある三菱、国家そのものである。

大槻文平が大学を卒業した頃は第一次世界大戦後の不況の風が巷にも吹き荒れ、名匠と言われた小津安二郎監督の『大学はでたけれど』と言った世相を反映した作品などが公開されていた。

希望に胸をふくらませて入った三菱財閥。

だが、勤務は東京の本社ではなく、最初の任地は雪深い北海道の美唄炭鉱であった。

大槻文平の勤務は始から人事、労務畑であり、入社してすぐ北海道美唄炭鉱所に配属になった。

石炭の掘削を行う鉱業所である。

大槻文平が担当したのが、炭鉱で働く工夫の手配とその管理であった。

それも日本人の多く雇いあげていたが、戦時体制になり内地の人だけではなく、朝鮮半島や中国大陸からも多くの労働者を雇い入れていた。

大槻文平は大陸や朝鮮半島に斡旋者を送り、集まった労働者を船に乗せ、日本海を北上、働き手を下関や小樽に送ったのである。

その労働者を大槻文平は指示して北海道の美唄炭鉱や大夕張炭鉱、さらに軍艦島で知られる長崎の高島炭鉱に送り届けたのである。

そして終戦。

ダグラス・マッカーサー元帥とGHQによって他の日本の財閥（三井、住友）と共に三菱財閥解体された。

大槻文平は終戦後、三菱鉱山に残り、美唄炭鉱などの戦時処理にあたり、炭鉱部門の労務課長となった。

美唄市内に七〇年前に描かれた一枚の絵が眠っている。

縦百三十センチ、横百九十三センチの油絵の大作である。

絵のタイトルは「人民裁判の絵」。

この人民裁判は、終戦の翌年の一九四六年（昭和二十一年）二月、賃上げなど労働条件の向上を求める三菱美唄炭鉱労働組合員らが、市内の宮ノ下会館などで合計三十六時間に渡り使用者側を追求した「大衆団交」だったのだ。

絵は、同炭鉱美術サークルの鉱員五人が「裁判」から三年後に完成させた。

戦後、国内最初の労働運動の象徴的な事件として知られているが、争議解決から二週間後、会社側が告訴し、争議は刑事事件に発展し、労働組合側の幹部らが不法監禁などで逮捕され、有罪判決を受ける者も出るなどの結果に終った。

「人民裁判」の絵の舞台となったのは、大槻文平が労務管理していた三菱美唄炭鉱所であった。

戦後まもない頃、炭鉱では厳しい労働が強いられ、事故も多発していた。

労働者の権利が確立していなかった当時、当然の如く労働者たちは各地で怒りの声をあげ、「人民裁判事件」は戦後の労働運動の高まりを伝える象徴的な事件となった。

この「人民裁判」に大槻文平が関与していた物的証拠はない。

大槻文平はその間、瀬戸内海の豊島炭鉱なども担当していたが、初任地の美唄炭鉱、それに三菱の北海道の拠点、大三菱夕張炭鉱、長崎沖に浮かぶ通称「軍艦島」高島炭鉱の労務管理、つまり「合理化」における人員整理を一手に行っていた。

だが、朝鮮戦争特需で、石炭の需要は多く、「黒いダイヤ」と呼ばれるほど好況であった。

しかし、三井三池闘争に象徴されるように各地の炭鉱では労働争議が頻発していた。

それに合理化による事故である。

その代表的な三井三池炭鉱炭塵爆発は、一九六三年（昭和三十八年）十一月九日、福岡県大牟田市の三井三池炭鉱で発生した炭塵による粉塵爆発事故であった。

死者四百五十八名、一酸化炭素中毒患者は八百三十九名を出したこの事故は、戦後最悪の炭鉱事故、労災事故と言われているが、それほど炭鉱労働者の就労環境は最悪だったのである。

それだけではなかった。

極端な「合理化」によって石炭は増産されたが、安全性が無視され、多くの炭鉱事故が頻発したのである。

そんな中の石炭から石油へ。

日本のエネルギー政策の転換が差し迫っていた。

その為に、まだ、採掘可能な三菱、三井、住友なども多くの炭鉱を閉山しなければならなかったのだ。

それはアメリカ帝国主義のオイル戦略を受けた日本の国策であったのだ。

日本の炭鉱はアメリカのオイル戦略の犠牲者なのである。

その為、まだ働き盛りの炭鉱労働者の首を斬らなければならなかったのである。

その数、炭鉱業界で十万人とも十五万人とも言われていた。

政府からの命令である。

大槻文平はまだ稼働が可能な鉱山を次々と閉山していった。

閉山に伴う、人員整理が大槻文平の背中に覆いかぶって来た。

「人斬り文平」のあだ名はその時に付けられたのである。

三菱の看板を背にした人員「カッターマン」であった大槻文平は日本の石炭産業を終焉のシナリオを描きながら、表の顔と裏の顔を使いわけ、石炭産業の幕引きを行っていたのである。

この時の役職は三菱鉱山の社長であったが日本石炭協会の会長でもあった。

大槻文平には石炭資本を擁護し、労働者の要求を抑え込む、作業が待っていた。

大槻文平は莫大な閉山補償金を考え、どの山に幾ら残せるか、あの山に幾ら残せるか、奮戦していた。

つまり、この時、我が「三菱」に幾ら積み上げられるか、日夜奮闘していた。石炭業界の閉山には膨大な閉山補償金が必要だ。
国会に参考人と呼ばれた大槻文平は石炭業界の幕引き用の膨大な助成金を政府から引き出さなければない。
それも十年連続であった。

ここにその時の国会答弁の抜粋がある。

第六十一回　国会　大蔵委員会　第十九号
昭和四十四年六月十日（火曜日）午前十時二十六分開会
委員長　丸茂重貞＊衆議院議員
理事　五名
委員　十名
国務大臣　大蔵大臣　福田赳夫＊衆議院議員　第六十七代内閣総理大臣
政府委員　四名
参考人　日本石炭協会　会長　大槻文平

○参考人（大槻文平君）
私どもは過去におきまして十四鉱業所というものを閉山してきた。

その際、多くの炭鉱従業員が五千人だけですが最盛期には五万人おった。

私どもといたしましては、膨大な従業員の整理をやってまいりました。

○理事（戸田菊雄君）＊衆議院議員日本社会党
今回、第四次答申をもって、十年間で総額八千数百億円の援助体制を国家がとった。

私の記憶の限りでは、これまで私企業の体制的危機に対して国家が援助対策をとったのは、山一証券の倒産危機に援助された二千数百億円と今回の炭鉱だと思うのです。

もう一つは、今回三年間延長して、四十八年度まで四千二百億円程度の重油関税の利益というものを石炭に回すことになっているのですが、それで一体どこまで再建できるのか疑問を抱いている。

言ってみれば、単に今回の援助は赤字克服、若干の補填程度で終わってしまう可能性がある。

そんな状態になっては無駄、困る。

閉山に係る経費を閉山交付金と今回設定をされ、支給をすることになったのですが、われわれの判断としては、閉山交付金を使って急速に閉山が行われはれるのではないかと危惧するが、如何ですか。

○参考人（大槻文平君）

閉山をするかしないかは、経営者がきめる事でございます。

でも、政府の保護を含めても採算に合わないのであればやめると決議する炭鉱も出てくると思われます。

しかし、大部分の炭鉱は心配なしで当分やっていけるのではないかと考えます。

ただ、このような事態になってきたかと言いますと、私は一番大きな原因は、世界的なエネルギー革命のスピードとその規模が、日本の識者並びに我々経営者の予想以上に大きく、速いものであったことが問題であった。従いまして、数次にわたって政府に対策を立てていただきましたが、後手後手に終わっているのが現状です。

○理事（岩動道行）＊自由民主党衆議院議員・参議院議員。

今回の特別措置を講ずることによって、石炭とその他の事業を兼営して、その他の事業もやって、石炭の赤字を埋めているというような会社あるし、いろいろな形態で石炭だけの専業でない会社があるわけですが、これが石炭部門だけを分離するというようなことが新聞紙上に一、二社伝えられておるが、これは今回の特別措置を契機としてやったのかどうか、その辺の動機も実際よくわからない。

しかし、石炭だけを分離するということは、経営が石炭だけでは困難であるということからこの特別措置も講じられたのである。

石炭だけを切り離すことによって、助成を政府から受ける、事業団から受ける。それはそれなりに特別の経理をされるのでありましてけっこうだとは存じますが、会社を分けてしまう場合に、優良資産は本体のほうに残して、不良資産を石炭会社のほうに回してしまう。あるいは、水増しの資産を計上して、石炭会社だけは石炭でやっていくと、このようなことがあるならば、これは今回の特別措置を乱用、いや、うまく利用する。そういう印象もぬぐい切れない面が出てこようかと。大事な国税を使って行う今回の特別措置でするから、ゆめゆめそのようなことがあってはならないわけです。われわれ国民の税金でまかなうこの特別会計の特別措置というものを十分腹の中に入れて、そうして経営を健全化していただく。従って、会社を分離するという場合は、世上疑惑を招かないような措置でおやりいただかなければならない。われわれはこれを監視しなければならない。

○参考人（大槻文平君）

それは端的に申しまして私の会社である三菱鉱業の話が主になっているのじゃないかと思いますので、お話を申し上げます。

今回の特別措置を契機としまして、石炭生産部門を分離しようということを決心しました理由について一、二申し上げたいと思います。

まず、第一に、今回の新石炭政策におきましては、経理上石炭部門と他の部門のとの経理区分をはっきりさせると。

もし経理を二分するならば、むしろ会社を別会社にしたほうが一番すっきりするのではないかということが第一点であります。

それから第二点といたしましては、石炭生産部門は、いままで私どもの会社としては赤字を続けておりましたけれども、今回の特別措置と申しますかによりまして、ここ少なくとも数年は十分に黒字体制でやっていけるという見通しがついたということが一つであります。

それから分離することによりまして従業員関係の自立意識というものを高揚することができる。

これは従来の第二会社というのは縮小閉山を前提とする場合が多かったのですが、私どもの今回の分離は、第二会社――縮小閉山という形ではないのでありまして、あくまでも石炭企業というものを健全に育てていきたいという見地からやっていることです。

それから財産関係の話だが、一〇〇パーセントの第二会社をつくるのでありまして、その第二会社の経営は、親会社としての責任が当然ある。まして、第二会社として発足する石炭生産部門に関しましては、従来政府から見てもらっておりますところの財政投融資とそれから近代化資金、そういったものだけを債務としてつけてある。

それからそれに見合う財産を渡してやるということにいたしたいと思っているわけでる。従って、たとえば私の会社ですが、福岡県地区に相当な鉱害というものが残っている。この鉱害の復旧費用というものは全部親会社で負担する。

それから、退職した方の預金として預かっている退職手当。それも親会社が見る。

あるいは、第二会社をつくることによって従来相当金額を費やしておりました本社費というものを軽減することができるというようなことで、第二会社そのものが非常に身の軽い、借金のない会社ということでスタートできる。

今回の国家の保護とあわせまして十二分に黒字経営ができるという見通しがついておるということが主眼である。

さらに、最近、金融機関が、炭鉱を経営している、そのことにより金を貸すことを渋っている。ですから、親会社が金を借りて子会社に、融通するというような方法をとらなければ、なかなか困難になってくるのではないか。

分離ということに踏み切った次第です。

私ども、もとより炭鉱から逃げていこうという気もありません。

また、炭鉱をつぶすために第二会社にするという卑怯な考え方ではないということを御了解願いたいと思います。

〈国会答弁〉終了

日本石炭協会は十年間の間に総額八千数百億円の援助金を国からせしめたのである。

その上、鉱山閉山交付金まで手に入れたのである。

大槻文平は日本のエネルギー転換期に巧妙に渡りぬけ、「財界の影の総理」として石炭業界の引くに引けない幕を引いたのである。

大槻文平はその功績を認められ新たなビジネスの道に入って行った。

それがセメントであった。

三菱各社が出資、三菱セメントが誕生した。

社長に就任した大槻文平は生コン業界に足を踏み入れていったのである。

労働争議は炭鉱に慣れていた大槻文平であったが、ひと肌違った闘争を展開する男に仰天した。

その男が武建一であった。

武建一は日の出の勢いで、次々と闘争に勝ち続けていた。

その戦略も多彩であった。

組合員の拡大は勿論のこと、日本の企業の七〇パーセントを占めると言われている中小企業と組み、さらに、武建一の闘い方は責任は下請けではなく、メーカーにもありと闘いを挑んできたのである。

「背景資本」に追求である。

他のメーカーは武建一の迫力に負け、解決金を払ったりした。

だが、天下の三菱は違った。

武建一が率いる関西生コンは政府を転覆させる行動をとる人民公社的臭いがして危険だ。

恐れ多くも日本資本主義の根幹にかかわると資本家は猛反発、「警察国家」を行使して関西生コン潰しに躍起になったのだ。

それに武建一の戦術は多彩で、ある時、闘争中の親会社である三菱の商品の不買運動を展開したのである。

三菱財閥は銀行から商社、造船、自動車、電機、ガラスなど最終顧客との接点は少ないが、三菱不買運動は市場をコントロールすることである。

武建一の不買運動が成功、マーケットが三菱から武建一の動向に左右されてしまう可能性が出てきたからだ。

それを三菱の総帥の大槻文平は嫌ったのである。

「三菱」なんか吹けば飛ぶような会社だ。

そんなセメント業界の武建一の言動に神経を尖らせていたが、石炭業界で極端な合理化によって安全性が無視され、出炭量が多くなったが日本中の様々な炭鉱事故が頻発し、多くの被害者をだしていた。

そんな中、石炭業界ではエネルギー政策の転換の嵐が吹き荒れていた。

三菱はじめ三井、住友なども多くの炭鉱を閉山し、多くの炭鉱労働者の首を斬らなければならなかった。

つまり、各鉱山も閉山準備に入り大槻文平は三菱の看板を背負っに「カッターマン」として労働者を解雇し、他の仕事を斡旋したのである。

「人斬り文平」のあだ名はその時に付けられたのである。

さて、セメント業界に転出した大槻文平は最初の仕事として労働組合の高揚を恐れ、大手セメント各社の子会社の生コン工場を集め、労務対策を一元的に管理する、関東は「如月会」関西は「弥生会」を設立させた。

例えば、関西生コンと「弥生会」とが以前交わした労働協約を突然、破棄させ、滅茶苦茶な労務政策の指導に入っていった。

国家権力はこの「弥生会」を隠れ蓑の主力として動かし、武建一が主導する組合を管理しようとした。

だが、好事魔多しである。

アラブで起こったオイルショック（Oil shock）は生コン業界にも大打撃を与えたのだ。

当然、仕事は減り、セメントの出荷量は落ちる。

そんな不甲斐ないセメント・生コン業界に対して当時、政府は「構造不況業種」という烙印を押したのだ。

だが、それに反発する強かなセメントメーカーは不況からの脱出を試みた。

その一弾が当時の警察庁長官三井脩が一九八二年（昭和五十七年）、次のような訓示をした。

「労働運動では激しい賃金闘争や要求闘争の高まりが予想される」

「関係動向を早期、的確に把握し、周到綿密に総合的に事前に対策を推進し、事案発生に関しては『違反行為は雇過さない』という基本方針の下に関係法令を活用し、現行犯逮捕を原則にした厳正な警察措置を徹底して事案の早期鎮圧と拡大防止に努められたい」

まさに弾圧宣言である。

あらゆる法令を駆使して「鎮圧すべきだ」と発破をかけたのだ。

戦前の特高の文言だ。

昭和の警察官僚の中に特高精神が脈々と流れているのである。

熊本県生まれの三井脩は戦後、警察庁に入庁し、警視庁公安部長、警察庁警備部長などを歴任、
この間に安保闘争、各地の大学紛争、成田国際空港反対闘争等、公安事件の捜査を指揮した。

まさに、昭和の内務官僚「特高」だ。

大槻文平は同じ肌合いの三井脩、歳は違うが、親交が厚かった。

武建一の地元大阪では五十人規模の捜査班を府警内部に設置させ、

「関西生コン支部関係で労働運動にかこつけ金銭を要求されたら被害届をだせ」、
と生コン業者を回って脅した。

でも、それは業界ではタブーとされている行為だったのである。

つまり、意図的に生産、出荷をストップし、価格の引き上げを図ったのだ。

この価格操作によって、セメントメーカーは収益を上げ、構造不況を打破したかに見えた。

だが、自分勝手なその行為のツケは生コン業界に回されたのだ。

しかし、売上高を上げる事に奔走するセメントメーカーは懲りない。

不況から脱出する為、死に物狂いだ。

誰が困っても知らん顔である。

セメントメーカーは不正な値上げや販売日などを協議するため、各社が度々、セメント協会に集まり、談合していたのである。

それを見かねた公正取引委員会は何度も、排除勧告を出していた。

それほど不法行為を繰り返して行うセメントメーカーは危険性を孕んだ「ブラック産業」紛いの体質なのだ。

つまり、セメント協会が中心になり、複数の企業と連絡を取り合い、音頭を取り、本来各企業がそれぞれ決めるべき商品の販売価格や生産計画、販売地域などをセメント協会で取り決める。

それをセメント協会に加入している各セメントメーカーに流し、

「皆でやれば怖くはない」

という馬鹿馬鹿しい感覚で儲けるための悪事を共同でやっていたのだ。

これは不当な取引「カルテル」（Cartel）である。

「ミスター・カルテル」と呼ばれ権力を振るったのがなにを隠そう日本セメント協会会長の大槻文平であった。

この取引だと、消費者は価格によって商品を選ぶことができなくなるばかりか、本来ならば安く買えたはずの商品を高く買わなければならなくなる。

つまり、「カルテル」は消費者のメリットが失われ、その反面、「カルテル」によって業界は収益を上げたのである。

だが、このように「カルテル」はセメント業者だけではなく、一般社会に悪い影響を与える可能性があるので禁止されているのだ。

でも、この時代のセメントメーカーは堂々と不正を行い、労働者や消費者を無視してダークなビジネスを展開していたのである。

その結果、セメント協会の無謀な「カルテル」による出荷調整などは、生コン労働者から時間外で働き、稼いだギャラを強制的に奪う事になったのだ。

それは「万博不況」によって、基本賃金を減らされ、収入の半分を残業代に依存している生コン労働者にとって危機的状況であった。

こんな状況を打破しなくてはならない。

セメント協会は何をするか分からない。

野放しにする訳にはいかない。

この取引だと、消費者は価格によって商品を選ぶことができなくなるばかりか、本来ならば安く買えたはずの商品を高く買わなければならなくなる。

また、警察以外でも組合脅しが始まっていた。

日経連のフォーラムで講演した講師がまたも暴言を吐いていた。

「法律など守っていたら組合を潰すことが出来ない。我々のバックには警察が付いている」

凄い発言だ。

労働組合弾圧のためであれば、無法、違法など眼中にないのだ。

その一つがこれだ。

三菱と武建一の闘いは大槻文平亡き後にも続いた。

一九九二年（平成四年）、三菱グループが発表した大阪アメニティパーク。

三菱財閥の大阪の顔ＯＡＰ建設をめぐる闘いである。

大阪市北区天満橋のウオーターフロント約七万平方メートルの敷地に、オフィスビルやホテルを建設する大開発事業である。

この開発事業が発表されたとき、バブル崩壊の後遺症に苦しんでいた大阪の建設業界は沸き立った。

生コン業界も喜んだ。

当然である。

三菱グループの計画通り進めば三十五万立方メートルの数量検証が必要。

これは大阪市が使用する三ヶ月分に近い、量であった。

低迷する大阪の生コン業界のとって恵みの雨であった。

ところが、皮算用をし出した業者に取っては崖下に突き落とされる話が伝わって来た。

三菱側は工事に使う生コンはすべて建築現場に設置する三菱マテリアルの現地プラントで賄うと発表した。

グループの利益だけを重視し、生コンもすべて三菱で独占すると言い出したのである。

こんな事が許されるのか。

武建一は大阪市役所に対して、

「三菱の工事計画は利益の独占であり、その煽りで中小企業の倒産は必至である」。

と申し入れを行った。

同時に各所で、

「大資本の独占は許さない」

のキャンペーンを張った。

運動の成果があり、三菱は二十五万立方メートルの内、十万立方メートルを大阪市内の生コン業者に振り分けると通告してきた。

こんな状況を打破しなくてはならない。

武建一は普通の活動では接点がない、「影の総理」大槻文平などには嫌われたが、本当に嫌われたのか。
それは定かではない。
大槻文平との遭遇ニアミスは武建一に大きな影響を与えた。

# Session 6　国賠との闘い「沈黙は金」

武建一は一世一代の大芝居を打つ準備に入っていた。

武建一は動いた。

つまり、絶えず国家権力によって苦しめられ「自由」を抑圧されている武建一は反撃に出たのである。

それは、二〇二〇年（令和二年）三月十七日の事だ。

当時、大阪拘置所にあった武建一は「国家賠償法」に基づいた「国家賠償請求訴訟」を起こしたのである。

因みに「国家賠償法」の第一条はこう記す。

「国又は公共団体の公権力の行使に当る公務員が、その職務を行うについて、故意又は過失によって違法に他人に損害を加えたときは、国又は公共団体が、これを賠償する責に任ずる」

武建一の動きは素早い。

即ち、国家賠償法を引っ提げて大法廷で国家と闘うのだ。

「国がワシを訴えるなら、ワシも国を訴えてやる」

勝っても負けても一世一代。

これは逆転の発想であり、武建一の反逆精神の表れだ。

原告は国家権力によって恐喝未遂、威力業務妨害などで逮捕、起訴されている被告人の四人である。

被告は、国や京都府、滋賀県、和歌山県など担当者で、逮捕、勾留は違法であるとして損害賠償を求めたのである。

この告訴は従来の「国家権力が正しい」的な社会通念の大否定である。

つまり、国家権力にかつて犯罪者と名指された男たちが基本的人権、人間、皆、平等だと叫び、武建一たちは大義名分を振りかざし、晴れやかな舞台で弁天小僧菊之助や南郷力丸などで知られる歌舞伎狂言河竹黙阿弥作の「白波五人男」の演題にそって揃いの「六方」を粋に踏むのだ。

武建一は映える舞台を決めていた。

その舞台は日本の国家権力の中枢、日本国家を象徴する三権の長が居を構える東京霞が関官庁街の大法廷である。

撮影　亀村佳宏

武建一はその法廷で、「基本的な人権」を引っ提げ、まるで人気者の歌舞伎役者のように六方を粋に踏み、小気味の良い「啖呵」を切る気でいるのだ。

その「啖呵」は武建一が望む労働運動の未来、真っ当な世界だ。

「啖呵」は小気味良さそうだ。

さすが「労働界の千両役者」だ。

それも、大見得を切り、真っ向勝負。

武建一は国家権力握る国に、人民は「反逆者」なら「反逆者」だと決めて欲しいのである。

とにかく国家と物事の白黒を付けたいのである。

武建一は集会などで組合員たちに向かって絶えず言う。

「我々は憲法に認められた真っ当な組合運動をやっている。その運動に難癖を付け、それに対して、不法な逮捕、勾留、虐待など自由を束縛する国家権力を許さない。断固闘う」

その論理の根底には次の言葉がある。

「人間として当然もっている基本的な権利は、思想・表現の自由などの自由権、生存権などの社会権、参政権、国・公共団体に対する賠償請求権などの受益権を基本的人権とする」

日本が基本的人権の概念を理解したのは戦後である。

日本は第二次世界大戦の無謀な本土決戦で失った約七百数十万人の日本人の貴重な命と引き

換えにアメリカを中心とした連合国軍総司令長官ダグラス・マッカーサー（Douglas McArthur）元帥から得たのが現在の日本の基本的人権の概念である。

基本的人権とは、即ち生まれながらに人間が当然に持っている権利を、国家権力や独占資本などによっても侵されることがない。

それは国家権力からも束縛されない「完全なる自由」なのである。

去る夏を惜しむかのように咲き誇る真黄な向日葵。

私たちはその華やかな向日葵の群生を眺めながら、甲高い夏蝉の鳴き声を耳の底に残し、鬱蒼とした樹々に覆われた公園を抜け、日本のど真ん中、東京の中央を目指した。

その中でも官庁街と知られる霞が関に足を向けた。

「気を付けな！」

乱暴な客待ちタクシーの運転手の言葉を聞き流した。

蛮勇を振って横断歩道を渡ろうとした所、歩行者など眼中にない輩が運転する車が疾走し、車が走り去った路上には粉塵が舞い上がり、コンクリートの路面は灼熱地獄、この一帯の熱さ四十度を越え、耐えがたき状況であった。

それ以上に私たちを驚愕させたのが大量の公安警察と機動隊の存在だった。

公園の樹木の間に多くの私服の公安警察が潜み、抗議する市民団体や労組を監視し、遠巻きにしてメモを取り、しきりにスマホを稼働させ、指揮官に命令された警察車両が動き出していた。

私たちが目指すのは国家権力のシステムの根幹をなす、官庁街。

官庁街には、国家機関の総ての機能、それを運営する官僚やスタッフが集結し、「膨大な資金と情報の渦」が集積しているのである。

その中でも官庁街「霞が関」は最高の舞台、ステージである。

武建一はステージに霞が関を選んだのだ。

理由は国家の根本である三権が集結しているからである。

三権分立の一つ「立法」の舞台は国会議事堂。

「長」は、衆議院議長と参議院議長。

活動するのは与野党の議員。

「行政」は内閣。

「長」は内閣総理大臣。

衆参両院議員たちは政策を論議し、予算を付け、その案件を実現するのである。

そしてその案件を「行政権」がある内閣総理大臣が組閣した、国土交通省や通産省、厚生省、外務省などの官僚の手に引き継がれ、様々な案件は全国の各自治体等に委任、遂行するのである。

それに「司法」だ。

「長」は最高裁判所長官。

この霞が関では、裁判所、検察庁などが、世の中を公平に見て、たとえ最高権力者であろうと、「違法行為」があれば、「司法」は役目を果たした実績がある。

つまり、

「法の下に国民は平等」

の概念が認識されされているのである。

このように「三権分立の長」、つまり、霞が関には立法、行政、司法の最高責任者「長」が存在し、お互いに法的に監視し、暴走を抑えるシステムを作っているのである。

だが、いま、日本が置かれている「出口無き精神」を如何に開放するかだ。

このままの社会では「息苦しく」窒息してしまいそうだ。

武建一は労働者の命、誇りとしているストライキを実行した組合の執行委員長として二年間も獄に繋がれ、現在、解放されているが、ネット上では、フェイクなんと「懲役八年!」が飛び回っている。

「閉塞状態!」だ。

その判決は大阪地裁から二〇二一年（令和三年）七月十三日に下される予定だという。

何が正義で、何が悪なのか。

法律をどう読むか！

武建一にはそんな情報が国家権力や独占資本の手で、WEBサイトやレイシスト（Racist）たちによって罵詈雑言を日夜、浴びせられているだ。

こんな社会を何とかしたい。

それは今、日本の労働問題は国家権力と結託した巨大独占資本が大手を振って跋扈し、巨大な企業を何十人かの幹部社員が牛耳り、無理な生産管理体制を組み、正会社員、非社員、アルバイト、外国人労働者などの弱者が虐待されている最悪の状況だからである。

そんな最悪の状況に一石を投じる心算なのだ。

でも、マスコミや世間では武建一には反対の反応である。

マスコミは恥ずかしげもなく、人民の味方である武建一を、

「極悪非道の犯罪者！」

「金に毒されたた偽善者だ」

とのレッテルを貼っているのだ。

しかし、私たちは他人がなんと言うと武建一の真の姿、真実を見極めたいと考え、気まぐれで天邪悪な好奇心が頭をもたげ、武建一の棲息する世界に入り込む事にしたのだ。

なぜなら、こんな不条理な世の中、国家権力に異を唱え、行動を起こし、毅然と突きかかる「棘

男」武建一は貴重な存在だからである。

さて、国賠訴訟の日が来た。

二〇二〇年（令和二年）八月二十一日。

霞が関の東京地方裁判所で、全日本建設運輸連帯労組関西地区生コン支部による国家賠償請求訴訟の第一回口頭弁論が開かれた。

掲示された訴状によると東京地方裁判所での審議は関西生コンから提訴された国家賠償事件の初公判であった。

この裁判は従来の検事と犯罪者の関係が逆転していた。

訴えた原告席には武建一と三人の役員。

被告席には、国と地方自治体の公務員なのだ。

やがて、原告の意見陳述が始まった。

本来であれば原告の四人が法廷で一緒に原告席に座るのが当然だが、

「組合幹部は組合員とは接触してはならない」

武建一にはこんな詰まらない条件が付いている。

つまり、不当な保釈条件によって原告の四人は分断され、切り離されて意見陳述せざるを得ないという異様な状況を強制されたのである。

今回の保釈条件が憲法二十八条で労働者に保障した団結権の破壊であり、不当労働行為である。

さて、四人のうち最初に陳述したのが「関生」の武谷新吾書記次長であった。

「組合事務所に立ち入ることができないことで、本来の仕事である労働委員会の書面作成や議事録の作成もできない。接触禁止によって経営者との事務連絡もとることができない」

書記次長は保釈条件が組合活動を不当に制限するものであることを具体的に暴露し弾劾した。

続いて武建一委員長の弁論である。

一九六五年（昭和四〇年）にスタートした「関生」の歴史をひも解き、

「今回の弾圧は企業の枠を超えた産業別労働組合である関生型組合をつぶすためのもの。本来あるべき労働運動を反社会的勢力として煽り立てるやり方は共謀罪の先取りであり、憲法二十八条の空洞化だ」

と喝破し、最後に、

「ゼネコンの買い叩きを阻止するため、中小企業と組合が連携して、適正価格をつくってきた。未組織の労働者も保証する産別組合になった。今回、二府四県の警察が、私たちの労働協約が法的違反として、八十九人の逮捕者、六十七人を起訴した。これは異常だ」

と訴えた。

湯川裕司副委員長は、

「私は不当にも二〇一八年（平成三十年）八月二十八日に逮捕された。それから勾留と逮捕が八回も繰り返され、合計で約二年、六百七十七日も勾留、拘置された。警察、検察、裁判所は労働組合をまったく理解していない。労働組合法も無視をする。国賠訴訟で裁判所の力量を見せていただきたい」

と述べ、

「政治情勢やマスメディアに裁判所は翻弄されているのではないか。今回の裁判で裁判所の立場を問いたい」

「京都府警は取り調べで『あなたたちが反省するまで逮捕する』と酷い事を言った」

これは憲法違反だ。

さらに西山直洋執行委員は、

「警察と検察は原則的な労働組合への弾圧で労働運動そのものを萎縮させよとしている。こうしたことを裁判所は監視するべきだ」

と国を糾弾した。

四人の原告と弁護団の意見陳述の内容は法廷を圧倒、同じ原告として弁論に立った「闘う労働者」の集団である全日本建設運輸連帯組合菊地進委員長は、

「我が組合は社会的使命を持つ全交運、世界運輸労連等の運動を担い、憲法二十八条で保障される公然の組合法人。団体交渉などで『組合員の権利と利益』を守っている」

と「関生」の正当性を述べ。

また、海渡雄一弁護士は、

「憲法二十八条で保障される組合活動を違法として逮捕を繰り返してきた。中小企業と組合で生産改善をしてきたにもかかわらず。公正な審理をお願いしたい」

と締めくくった。

四人の原告と弁護団の意見陳述が法廷を圧巻していた。

弁論終了後、法廷で「闘う労働組合」動労千葉の組合員や関生支援東京の会のメンバーが拳に力を込めて原告とエールを交換し、感動的な合流を果たした。

夕方には連合会館で「関西生コンを支援する会」主催の報告集会が開かれ、武建一委員長が熱弁を振るった。

「皆さんの支援のおかげで六百日以上の勾留から解放されました」、

と切り出した武建一は、

「権力者は、私をもっと勾留しようとしていた。関生を潰したいと。産別組合を潰したいと。労使で確認したものを警察は業者に被害届を強要する。マスコミを使い、関生を反社会勢力とでっち上げる。この繰り返しだった。私たち労働者には任務がある。階級的労働運動と政治的運動のためにストライキも辞さず闘う。思想闘争でもある。ビラを作るビラをまくことが威力業務妨害で不当逮捕するなど許されない」

最後に武建一は、

「ビラを作り、配った人を逮捕する。表現の自由など全く認めていない。こんなこと許せますか?」

と問いかけ、そして、

「異常な攻撃がずっと続いているのは、関生が産業別労働組合として大きな成果を上げているからだ」

こうした運動が日本全国に一気に拡大することへの恐怖感が国家権力や独占資本内にあり、今回の弾圧の背景にあるとも語った。

「関生はこれで終わりません。一発やられたら三発返す。三倍返しだ!」

武建一の力強い決意に会場が沸き、惜しみない拍手が送られた。

また、弁護団の報告では、今回の国賠訴訟が東京地裁で始まったことの画期的意義が強調された。

ただ、被告側に東京での裁判に反対する旨の意見書を送ってきており、裁判を関西で開くのか東京で開くのかが今後の大きな攻防点になりそうである。

武建一は不当な弾圧との闘いはこれからが正念場。

「関生支援東京の会」をはじめ、全国各地での関生支援の運動を広げ、「闘う労働組合」へと蘇らせる鍵は、かつての動労千葉と関生弾圧との闘いの中にあるのではないかと思えてならない。

日本国憲法は、国会、内閣、裁判所の三つの独立した機関が相互に抑制し合い、バランスを保つことにより、権力の濫用を防ぎ、国民の権利と自由を保障する「三権分立」の原則と定めている。当然だ。

では、海外の場合どうなのか。

中世近代国家が成立した当初、ヨーロッパ諸国や新大陸の新興国家アメリカでは主権者免責と呼ばれる「国家無責任論」の原理が支配的であり、国の不法行為責任は否定されていた。

人権問題では先進国であるフランスから一七八九年（寛政元年）、パリ・バスチーユ（Place de la Bastille）監獄で起こったフランス革命（Révolution Française,）により、世界に発せられた人権宣言がある。

その人権宣言は古典的表現であるが，宗教・良心・思想・学問・言論・出版・身体・集会・結社・居住・移転・職業選択の自由・財産・住居の不可侵・通信の秘密や，さらに不法な逮捕・抑留・拘禁からの自由など，国家権力からの自由を内容とするものである。

しかし、行政活動に起因する損害の賠償を、公務員個人の責任に押し付けることは、賠償能力などの点から限界に突き当たっていたのである。

つまり、海外の植民地、戦争、貿易など国の活動領域の拡大に伴い、公務員に損害を与える機会も増大するため、国家無責任論の原則を貫くことは困難になった。

それを救ったのが一九一九年(大正八年)八月十一日、国の賠償責任を決めた法律ができたのだ。ドイツのワイマール憲法（Weimarer Verfassung）である。

国家賠償はワイマール憲法百三十一条によってヨーロッパで認められるようになった。

だが、一九三〇年代、アドルフ・ヒットラー台頭と共に効力を失っていった。

政治体制が違ったアメリカやイギリスでは、

「国王は悪をなしえず」

呑気な伝統が第二次世界大戦（World War 2）の頃まで続いていた。

さて、日本の場合はどうなのか。

一口に言って日本の国賠の規定は恐ろしいほど遅れている。

大日本帝国憲法には国の賠償責任について定めた規定は存在せず、国の賠償責任について認めた法律もなかった。

そのため、損害賠償の訴えを裁判所が受理出来なかったのが現実だった。

つまり、国難に対処する大日本帝国陸海軍は何をしても無責任であるとの乱暴な論理が罷りと通っていたのである。

それに権力側の行政については、国の責任は一貫して否定されてきた。

また、公務員個人の民事責任も、職務行為としてなされたものである限りは、たとえ故意・過失があっても、一般的には否定された。

戦前の日本では戦争などの国家の暴走に掛かり合った人民は被害にあっても殺されても、ただ泣くだけ、騒ぐだけであった。

武建一は国家賠償について非常に強気である。

その秘策の一つは奇策「黙秘」である。

なにか言えば権力は次の手を考える。

検事の前でも武建一は何時も無言だ。

国家権力と闘うのは黙秘が条件だ。

「黙秘」すれば検察は調書を書けない。

調書が無ければ起訴することもできないし、裁判を行う事も出来ない。

勿論、保釈もＮＯだ！

でも、裁判官は裁判を行う義務があるので、少しでも、武建一の頑固な黙秘を貫く心を軟らかくしようとして様々な手管を使う。

でも、乗らない。

弾圧そのものが国策捜査であったそれに協力する気は無い。

或る検事が世間話をしようと言ってきたが、武建一は話す気が無いと宣言。

「私は世間話に応じるつもりはない。あなたが私に話し掛けるのは勝手だが、石に向かって話しているると思いなさい。私に何も言わないで下さい」。

武建一は完全黙秘を貫いている。

返す言葉も無い。

だが、実際、黙秘する方も黙示される方も辛い。

なにせ、狭い取調室で三十分間もダンマリをするのである。

武建一は比叡山の僧のように苦行を行うのだ。

検事が話している間中、十分でも二十分でも武建一は両眼をかっと開いて、その検事の目を眺める。

その内、検事は無力感を知り、目を閉じる。

武建一にとって「国賠」と闘う上で一切、口を利かない。

「黙秘」を貫くと決めた以上、口を開いたら負けだ。

何人もの検察官と睨めっこを何回も繰り返しているが武建一は負けたことが無い。
「黙秘」は最大の武器だ。
今回の弾圧は拘留の長期化を目的としている。
なにせ国家権力の意に沿わない限り、保釈は無い。
でも、構わない。
こんな「ヤワ」な脅しに乗る訳にはいかない。
だが、国家権力は手を緩めない。
武建一は今回の一連の事件で、六回逮捕され、家宅捜査も何回も行われている。
武建一の格言、「沈黙は金」（Silence is gold）は正しい。

# Session 7　囚われの身の自由

「棘男」武建一の保釈を知った私たちは肉声を是非とも聞きたい思いたち、インタビューを申し入れた。

暫くして返事が来た。

それは保釈から四ケ月後、赤とんぼが群れて飛ぶ秋の真っただ中の五時間。

それと数日後の一時間の合計六時間に及ぶ独占ロング・インタビューの許可が下りたのだ。

これまで私たちは武建一に接する機会は殆どなかった。

いや、会いたくとも武建一は国家権力に逮捕され囚われの身であったからだ。

そんな中、私たちは大胆にも武建一の不在を知りながら、杉浦弘子監督が武建一を主人公に据えたドキュメンタリー映画「棘」～ひとの痛みは己の痛み。武建一～を製作、全国各地で公開し、大きな反響を得ていた。

また、それと同時進行的に評伝『棘男』～労働界のレジェンド（Rejenndo）～（展望社）を刊行した。

こう記すと私たちと「棘男」武建一とは非常に親しい間柄と思われるが、実際に対面してインタビューするのは今回が初めてである。

その経緯を小耳に挟んだ関係者からは我々の行動は前代未聞、無鉄砲で無茶苦茶だと苦笑しながら驚かれた。

それはともあれ、許可された日、私たちは、カメラや録音機材を引っ提げ、新幹線「のぞみ」に飛び乗り、取材地大阪に向かい、指定の場所でインタビューを行った。

初対面にも拘わらず武建一は、緊張していた私たちを温かく迎えてくれた。

「遠路はるばる、よう来ていただいた。どうぞゆっくりして下さい」

武建一は解放されてから、幾分、日が経っていたので、元気溌溂、頭はテカテカ、丸い目が活き活きしていた。

「気兼ねなく、疑問はとことんまで聞いてください」。

インタビュー・ルームには事務用の横千八百センチの長机が二本置かれていた。

その一本の机の前に、武建一はドカッと座り、私たちはその前に座る。

初めてのインタビューの開始だ。

撮影　亀村佳宏

普通だと質問内容などを書き出し、それを手元にインタビューを構成するのが至極当然だが、今回はその方法を無視、私たちが好き勝手に質問させていただいた。

つまり、予定調和を無視、お互いに「ネ〆無し」の気軽なフリーダムでボリュームある六時間であった。

その間、お互いに自由だ。

部屋では飯を食い、お手洗いを使い、武建一も打合せをしていた。

質問者の私たちは権力が無理やり「棘男」武建一を幽閉した留置所と拘置所の処遇から、話を聞きだした。

つまり、誰もが耳をそばだてる監獄話である。

「いや、逮捕されてから最初の十日間ぐらいは、何故、私が逮捕され、自由を奪われるのか、理由が判らず、怒りが込み上げきて、恥ずかしいかな錯乱状態にあった」

「でも、十日を過ぎる頃になると、ようやく心が落ち着き、平常心を取り戻してきた」

焦ってもダメだ。

自ら墓穴を掘ると悟り、置かれている状況を理解し武建一は達観したのだ。

「棘男」武建一は逮捕から釈放されるまでの六百四十一日間、二十一か月強の勾留期間中、その十二か月間は逮捕された各県の地元の警察の留置所に留置されたのである。

残りの九か月間は大阪拘置所に拘留されたのである。

武建一は囚われの身ながら、処遇に対して不満だらけだが、権力が作成した拘置所の過ごし方のシナリオを積極的に受け入れたのだ。

その先に「自由」があると信じていたからだ。

当然、シナリオの実行は刑務官によって絶え間なく行われた。

だが、待遇が酷かった各地の拘置所に対しては、

「推定無罪の原則は無視するな！」

「勝手に罪人扱いするな！」

武建一はさまざまな時間に、刑務官に向って怒ったのだ。

刑務官は常識を全く知らない。

例えば拘置所に身柄のある人は有罪であるか無罪であるか、まだ決まってない人たちという、そんな基本的な事も知らない。

ただ、拘置所に居るから犯罪者だと上層部から「逃げないように見張れ」的な教育を受けているからだ。

でも、身に覚えのない罪を着せられた冤罪の人もいるかも知れない。

拘置所にいる人間は、犯罪の刑が決まっていない、「未決」の人たちなのだ。

でも、日本の拘置所は無法地帯に近いのだ。

「推定無罪」の原則は守られず、担当官は拘置所に居る人間は総て罪人だと思い込んでいるのである。

最悪である。

戦前の共産党員は拷問されてもすっと信念を貫いた人ばかり、韓国の軍事政権時代で、どんなことがあっても頑張ってきた人たちとか、「なんだこのくらいでヘコタレルのはもともとおかしいのと違うか」と。そういうしんどいのを見ると余計に落ち込むひともおりますが、私はしんどいのを見ると奮い立つんです。

時折、一方的に頭ごなしに命令する刑務官に向って武建一は文句を言った事もある。

「あなた方は命令ばかりするが、ここにいる人達にも基本的人権が有ることを知ってるか！」

でも、暖簾に腕押し状態、馬鹿馬鹿しい限りだ。

担当官からオウム返しに帰って来る言葉は、

「ここにはここの規則がある。だから守ってください」。

との一点張りである。

日本の司法関係者が日本の司法に対して異を唱えるのは当然だが、日本と交流を持ち、国際社会で活躍している司法関係者や弁護士が文句を言うように日本の司法は異常だ。

でも、入所者の処遇に関して異を申し立てる武建一に対して権力は、拘置所の生活環境を嫌がっても、強制した。

だが、「棘男」武建一は自ら狭苦しい独房を快適なスペースに変えたのである。

それは嫌なスペースを快適なスペースに変えてしまう秘めたエネルギーだ。

未決拘禁者（刑事被告人）武建一の大阪拘置所の収監場所は独房であった。

独房は一人、与えられたスペースは僅か三か四畳。

冷暖房は一切ない。

効いているのは職員が巡回するコンクリートの通路だけだ。

従って、夏などは気が狂いそうに熱い。

冬はその反対。

寝るときは足首に寒さをストレートに感じ、寝れない程、厳しい。

独房は三畳であるが、トイレや洗面所などに一畳が占めるので、残りは二畳。

この便所は非人間的。

人間の一番見せたくない、排便の姿を見られてしまうのだ。

兎に角、独房は狭くて、閉鎖的で非人道的空間だ。

その独房の中に朝から晩まで、一日中、一人で過ごさなくてはならないのだ。

勿論、人との接触が無く、従って会話は全くない。

それは拷問に近く、精神的にも肉体的にも苦痛である。

それに馬鹿げた規則がある。

何時でも独房の中では同じ方向を向いて、正座して居なくてならない。

それに寝転ぶことも、立ち上がることも禁止されている。

ただ、身体を横にする事が許されるのは食事後の休憩時間と睡眠時間だけだ。後はひたすら壁に向って座っているだけである。

これは、まるで座禅。ヨガだ。

現代の拘置所は法務省矯正局管轄だが明治時代の「監獄法」や「治安維持法」の「矯正」の概念だけが生き残り、こんな非人道的で、馬鹿げた規則が今でも罷り通っているのだ。

さて、ここで武建一の拘置所の生活パターンを聞いてみた。

通常の生活パターンは起床午前七時二十分。

洗い場で洗顔して午前八時には朝食。

午前十時になると熱いお湯が配られ、お茶やコーヒーを各自で作り飲む。

正午、十二時に昼食。

午後三時に再びお湯。

夕食は何故か早く、午後四時半である。

そして、就寝が夜九時。

ここに魔の時間帯がある。

それは、夕方の四時半の夕食から寝るまでの夜の九時までの数時間。

地獄だ。

健康な体なら、空腹に襲われる。

拘置所での空腹は耐えがたい。

気が狂いそうだ。

だから、空腹を感じない前に出来るだけ早く、目を閉じ、眠るのが秘訣だ。

でも、人間、そう簡単に眠れるものではない。

それに、人間は「睡魔」と言う別口の欲望を待っている。

欲望は生きている証だが「空腹」と「睡魔」に襲われたら、生身の人間にとってこれは苦行だ。

だが、哀しいかなこのような時に身体が、欲しるものがある。

甘いモノ、甘味類だ。

大福や最中、羊羹、アンパン、飴などの和菓子やケーキなどの洋菓子が欲しくなるのだ。

でも、拘置所内には公に甘味類を提供するシステムはない。

このような「人間の性」的な欲求を満たすシステムは拘留所の外にある。

現在、日本全国には八ヶ所（東京・立川・名古屋・大阪・神戸・京都・広島・福岡）の拘置所があるが、特別許可の「差し入れ屋」が拘置所前に存在する。

「差し入れ屋」では面会人や拘置所入所者が注文すれば禁制品以外は取り揃えて、差し入れをしてくれる便利なシステムだ。

さて、代表的な「差し入れ屋」は東京小菅の東京拘置所前の「池田屋」や武建一も利用していたと言う大阪拘置所正門脇の「丸の屋」などである。

大阪の「丸の屋」は歴史が古い。

創業は戦前、一九三三年（昭和八年）である。

「お客さんの心を受け継いでお届けするのが、私の仕事。『あめ玉一つが、ここではただのあめ玉やない』、と思ってやってきました」。

こんな殺伐な世に心を癒される「丸の屋」の一言だ。

この「差し入れ屋」に恐る恐るお金を払って頼むと許可された物を差し入れしてくれるのだ。

蜜柑や林檎、バナナなどの果物や菓子類、蕎麦やうどん、カップラーメンなの麺類、牛乳、ゆで卵、週刊誌などまるで「差し入れ屋」の店内は場末のコンビニの感がある。

売れ筋は、冬だと寒いのでネルの下着のシャツと布団。

でも、何時の季節でも一番人気が大福や羊羹などの甘い物だ。私たちは武建一には面会出来なかったが、「差し入れ屋」で少々の甘味類を頼んで差し入れた記憶がある。

さて、武建一は二、三の新たな生活パターンを考えていた。

その一つが、几帳面な武建一は体調管理に徹して、一念発起し、一日の甘い物の摂取量を頑固に決めたのだ。

一日飴玉二個だ。

普通の駄菓子屋でも売っている小さい飴玉二個である。

その飴玉二個を午前と午後、一粒ずつ口に入れてしゃぶるのである。

無性に噛みたくなるが「ガリガリ」と噛んではダメだ。

大事に飴玉を最後までしぶり尽くし、甘味を堪能するのだ。

飴玉は閉じられた密室での密かな楽しみには最適なツールだと言える。

飴玉二個によって拘置所の「地獄の時間」を「至福の時間」に変えて時の流れを楽しみ、救われるのだ。

飴玉二個でこんな生活のリズムが出来ていた。

さて、食事の話だ。

太る体質の武建一が好んだ食事だが、どちらかと言えば拘置所派だ。

拘置所の食事は味付けやおかずの数や質の問題を度外視して、主食が麦七〇パーセント、米三〇パーセント配合の伝統的な監獄食、通称「麦飯」である。

この「麦」主体の「麦飯」の方が便秘気味の武建一には良いのだという。

一方、警察の留置所はご当地産の白米百パーセント。食べるものは滋賀県が一番おいしい。みそ汁とおかずと御飯、しかも近江米ですから。

ふっくらして、香りが有り、美味しいが便秘気味の武建一の体には合わず、「飯」に関しては拘置所に軍配が上がった。

それに、武建一が一番気にしていたのが健康だ。

それは常に健康を保ち、権力と闘い、勝つことが、大前提だと考えていたからである。

いつも武建一は健康に付いて自問自答していた。

「この程度の我慢で、如何なのか」。

「欲望をコントロールできない人間が社会と闘えるのか」

などと、大袈裟に考え、弱気になった時は何時も突っ張り、自分を鼓舞しているのだ。

そのため、体を動かせる拘置所では運動は絶えず続けていた。

部屋の中では規則があり、あまり動き回れないが、武建一は無視して、体力造りに励み、身体を規則的に動かしていた。

朝起きたら腕立て伏せ、百五十回。

昼と夕方に腕立て伏せ、それぞれ六十回。

それに足踏み六千歩。

腹筋二百五十回。

保釈になってから習慣で腹筋一日二百五十回。

充分である。

アスリート並みだ。

これだけ節制すれば無謀な権力と闘える気力体力は充分だ。

さて、拘留期間の凡そ半分を過ごした各地元の警察署の留置所の待遇はどうだったのか聞いてみた。

「警察の留置所は良かった。なにせ同房の人たちと「オマエ、何した!」「エー、強盗!」「放火!」「えー! 詐欺」「それはえらいことですな」などの会話を楽しむことが出来た」。

人とのコミュニケーションが好きな武建一は同房の人たちと会話をする自由があったのだ。

エピソードは腐るほどあるが、その中から一つを紹介する。

京都府警の南署に留置されていた時の話だ。

記憶に残っているのは同房だったネパール（Nepal）の青年の事。

その青年はネパールの首都カトマンズ（Kathnando）から日本に出稼ぎに来たのである。

でも、職場に行く前、入国に手違いが発生、入国管理法違反容疑で逮捕され京都府警に拘留されていたのだ。

明るく、気持ちの良い青年だった。

でも、日本語は片言しか喋れない。

だが、同房の好、すぐ仲良くなって手振り身振りで色々話すようになった。

そんな中、青年がしょげ返る時があった。

それは食事の時間だ。

警察から出される食事が、宗教的な理由で口に運べず、悲しい顔をしていた。

肉や魚がダメな菜食主義者ベジタリアン（Vegetarianism）だったのである。

留置所の担当の係官は、

「これは日本の食事だ。食べるのは当たり前」。

上司に教えられ、青年が嫌がっても、食べられない肉や魚をプレートの献立から外さなかったのだ。

何時も食事の時間になると暗い青年の顔を見る。

しょげ返り、空腹に耐え、沈んでいる。

そんなネパールの青年の姿を見たとき「人民の森」に絶えず在る「棘男」武建一は目覚めた。

武建一は弁護士に相談、ネパール青年の大好きな「うどん」を「差し入れ屋」に入れてもらい、渡してあげた。

武建一は、

「人間は法の下には総て平等だ」

との考え方が身に沁み付き、京都府警察の留置所で知り合っただけのたった「一宿一飯」「一合一会」の人間関係を大事にしたのである。

武建一は担当官を呼び、抗議した。

「人種や宗教で食べ物を差別するな。なぜ、肉や魚を入れ、野菜を主にした料理にしないのか」。

それ程、複雑な作業ではなく、簡単な作業なのに担当官は、

「めんどくさい！」

「一人分作るのは無駄だ！」

など硬直して融通が利かなく、上から与えられた物をロボットのように、

「この人はこれを食べるべきだ。ここは日本なのだから」。

こんな馬鹿馬鹿しい命令口調以外、担当官の頭は空白なのだ。

武建一の抗議が強烈だったのか、翌々日から、プレートの上に肉魚関係の料理は消え、野菜主体のベジタリアン料理に代わっていた。

私は「ひとの痛みは己に痛みと感じられるという主旨のことをタイトルをバット出してくる。私の事を「おじいちゃんすごいな！」と言ってなっいていた。

この青年は宗教問題で肉や魚が食べられないと言う事だ。

警察に要求して、肉魚以外の野菜を中心にしたおかずに切り替えるようにしたり、差し入れおうどんが食べられ處にしました。

ところで、私が書いた『棘男』がすごく房内で評判になっていた。

警察官にも差し入れてあるので警察と検事、裁判官の間を回遊していた。

「へえー、あんた有名人やなアー！」と言って騒いでました。

ネパールの青年は食事が解決すると喜び、武建一の手を掴み、何回もお礼を言っていた。

そして二週間後、ネパール人は無罪放免になり、母国に強制送還された。

別れの時、ネパール人は武建一に抱き着き、泣いていた。

心細い異国、それも警察の留置所で受けた、武建一の心のある処遇に感謝したのである。

「僕はネパールに帰ったら国会議員になる。その時、日本に来る。一緒に写真を撮ろう」

武建一は身につまされ、思わず目頭を押えた。

武建一はそんな拘置所の規則を「囚われの身」として悠々自適、不自由さを逆手に取って、少々時間が掛かったが生き返ったのである。

拘置所の武建一は絶えず、来る日も来る日も、無味乾燥的な壁を眺めている自分に反発して、その状態を解消するため、悩んだ挙句、次の手を考え出した。

武建一は多くの本の差し入れの許可を要求したのだ。

武建一は自らの知的欲求を満たすための私設図書館「フライベート・ライブラリー」を拘置所内に作ったのだ。勿論、仮設だが。

武建一が二年間の拘置中に読んだ本はなんと、約七百数十冊。

雑誌から単行本、歴史小説、推理小説、エッセイ、ノンフィクションなどジャンルは度外視し、差し入れられた本は総て読破した。

言ってみれば理不尽な境遇に堕ちこんでいた武建一を支えたのが自ら考えだした大阪拘置所内の「フライベート・ライブラリー」だったのだ。

記憶に残る書籍を列記する。

まず、定番のカール・マルクス(KarlMarx)。

『資本論』(Das Kapital)をはじめ、マルクスは読んでいる武建一がこの時はフリードリヒ・エンゲル(Friedrich Engels)との共著『共産党宣言』(Manifest der Kommunistischen Parte)。

熱い書だ。

革命のきな臭い、硝煙の臭いがする。

武建一は、普段の生活ではページ数が多く読むことを敬遠していた長編小説を好んで読んだ。

時代物では薩摩藩の英雄を海音寺潮五郎が描いた『西郷隆盛』。

全九巻。一巻は四百ページもある大長編小説であった。

それにイタリア在住の塩野七生の『ローマ人の物語』。

これは、ローマ帝国時代（Imperium Romanum）の歴史小説で難解。

その上、全十五巻である。

でも、武建一には少しも難解とも長いと感じ無かったという。

また、拘置所に居ると娑婆の匂いを欲しがるものだ。

それを満たしてくれたのが、角田光代の『源氏物語』であった。

この本の内容も面白いが、本に嗜好が施されていた。

それは本に挟む、「栞」である。

その「栞」に古い時代の匂いが沁み込ませてあった。

娑婆と拒絶されていると、世の中の匂いが欲しいものだ。

この「栞」のアイデアは作家の角田光代が京都の老舗の匂い専門店と交渉、初版本だけに付けたモノであったという。

感激し、癒されたのだ。

その他、独特のヒューマニズムに裏打ちされた三浦綾子の『塩狩峠』や『氷点』。アメリカの南北戦争（American Civil War）時代の西部の生活、奴隷制などを描いたマーガレット・ミッチェル（Margaret Mitchell）の大作『風と共に去りぬ』（Gone With the Wind）など、時間を忘れて読んでいた。

そんな中でも、武建一の心が叫びを上げたのがアドルフ・ヒットラー（Adolf Hitler）が行った蛮行ホロコースト（Holocaust）であった。

「北方人種の多いドイツ民族は生まれながらに最も優れた支配人種であるが、ユダヤ民族はドイツ民族の支配を邪魔している。彼らは壊滅させるべきだ」

大量殺戮を正当化したのだ。

ドイツ民族にとって都合の良い人種論を振りかざし、ユダヤ（Jews）人狩りや強制収容所での大虐殺を行い、約六百万人もの貴重な命を奪ったのである。

武建一が感動したのはユダヤ人強制収容所アウシュビィッツ（Das Konzentrationslager Auschwitz）の大虐殺をテーマにして書いたヴィクトール・フランクル（Viktor Emil Frankl）の『夜の霧』だ。

この『夜と霧』は、何回も読んでいる。

武建一にとっては「心の必読書」だったのだ。

波乱万丈に生きている武建一の心が揺れているとき、不安が襲って来た時など、『夜と霧』を読むことによって心を落ち着かせるのだ。

幽閉中、泰然としていられないことが多々ある。

組合組織はいま、どうなっているのか。

卑劣な弾圧による組合員の減少は。

それにこれまで一緒に頑張っていた仲間たちの離反。

これは悔しい。

やるせない気持ちだ。

次に権力は何を仕掛けるのか。

度重なる不自由な拘留生活の中で、余計に不安も募る。

無性に怒りと憎しみが湧いて来る。

そのせいか、拘置所内の些細な事でも、イラ付いてしてしまう。

また、公判の日になると法廷に
「今日は誰が来るのか」、

「来ないのか」、頭の中を巡り、精神の安定が失われ、興奮して眠られなくなるのである。

そんな時、『夜と霧』を読む。

収容所で死を待つだけのユダヤ人の心境が手に取るように分かる。

あるユダヤ人は次にガス室に送られるのは自分なのかも知れないという恐怖と何時も闘っているのである。

それに比べ、些細な事でも、感情をコントロールできない。

別に明日、『夜と霧』のように武建一はガス室に送られ死ぬわけでもない。

戦前、権力と闘い、特高警察に虐殺された『蟹工船』などの作品で知られる文学者小林多喜二のような非合法時代の共産主義者に比べれば恥ずかしい限り。

武建一はそんな自分を恥じる気持ちが強かった。

気弱になった武建一を最後に支えたのは『夜と霧』を読み、感激したというネルソン・マンデラ（Nelson Mandela）の存在であった。

ネルソン・マンデラは南アフリカ共産党に属し、白人と黒人を隔離する「アパルトヘイト政策（Apartheid）」人種差別に反対、人権と民主主義のために闘い続けた男である。

ネルソン・マンデラは国家反逆罪で二十七年間も監獄に囚われていたが、弾圧に屈する事なく、非転向を貫ら抜き、希望をもって闘ったのだ。

その闘いは勝利に終わり、出獄後、一九九三年（平成五年）ノーベル平和賞を受賞、翌々年南アフリカ（Republic of South Africa）の大統領にも当選し、祖国に民主主義と自由をもたらしたのである。

ネルソン・マンデラの生き方は武建一の理想像かも知れない。

感情の起伏が激しい武建一にとって拘置所内に自ら設えた仮設の「プライベート・ライブラリー」は格好の心を鍛える共に休息の場所であったと言える。

# Session 8　激動の青年時代

武建一は日本の激動の時代に生を受けた。

生まれる一か月前の一九四一年（昭和十六年）十二月八日、山本五十六海軍元帥率いる大日本帝国海軍太平洋連合艦隊はアメリカ海軍のハワイ真珠湾基地（Attack on Pearl Harbor）を奇襲、アメリカとの太平洋戦争及び世界各国と戦争体制に入り、戦乱の火蓋を切ったのである。

戦況は同時に火蓋を切ったインドシナ（Indochine）のマレー半島（Malay Peninsula）も占領、日本は南太平洋の制空権、制海権を握り、国内は戦勝ムードに沸いていた。

余談になるが海軍大将山本五十六はアメリカ通であった。

二年間であるがアメリカのハーバード大学（Harvard University）への留学経験もあり、アメリカの軍事力の強烈さを知り、日米開戦には反対であったはずだった。

それが、何故、無言のまま太平洋のど真ん中、ブーゲンビル（Bougainvillea）上空で戦死してしまったか、謎を残しての死である。

さて、武建一は日米開戦の翌年の一九四二年（昭和十七年）一月二十日、奄美群島の一つ、徳之島に生まれた。

徳之島は鹿児島から南南西に五百キロ、太平洋と東シナ海が波洗う奄美群島の凡そ中央に位置する。

島は徳之島町、伊仙町、天城町からなる人口凡そ二万四千人。

主な産業はサトウキビを原料にした黒糖菓子や黒糖焼酎などがある。

島の観光名物の一つに闘牛がある。

武建一は中学を卒業すると家族を支えるために奉公にでた。

父は勲。

母は愛子。

武建一は父の事を語る。

「終戦後もアメリカ軍に島は占領されていましたが、無鉄砲な父はアメリカ占領軍を相手に徳之島と鹿児島の間の蜜貿易をやっていました。つまり、命を張った闇屋ですね。胴巻きに米軍から払い下げられたピストルを忍ばせ、時化の東シナ海に飛沫を上げていましたね」

奄美群島はアメリカ軍に占領され、政治体制はアメリカ軍の「軍政下」であった。

撮影　亀村佳宏

「島もん」即ち、島民はパスポートを所持しなければならず、悲しいかな本土に渡たることは出来なかった。

占領政策はそれだけではない。

通貨は円が通用せず、ドルとアメリカ軍の軍票だけだった。

一九五一年（昭和二十六年）九月八日、サンフランシスコ（City and County of San Francisco）のシティ・ホールに於いてアメリカ合衆国を始め、第二次世界大戦の交戦国四十九カ国との平和条約（Treaty of Peace with Japan）が締結され日本の独立が辛うじて認められたのである。

一九五三年（昭和二十八年）、アメリカ軍統治からされていた沖縄より早く、奄美群島は本土復帰を果たしたのだ。

島民は奄美群島が本土復帰を果たし明るい希望に満ちた社会になると期待していた。

でも、貧しさは変わらず、貧乏の島であった。

そんな徳之島で育った、武建一の「反骨の精神」は何処で育まれたのか。

それは奄美大島の虐げられた歴史の中に在る。

まず、歴史である。

太古の昔から、奄美群島は豊かな海洋文化を育み、島人たちは農耕と漁業、それに東シナ海に点在する台湾、フィリピン（Republic of the Philippines）、沖縄などの島々や朝鮮半島、中国大陸、それに日本本土との交易で地域の繁栄をもたらしていた。

南太平洋を舞台にした「夢の世界」、ニライカナイの奄美群島は独自の文化を所持していた。

そこに登場したのが海洋国家琉球王国であった。

琉球王国は中国大陸や朝鮮半島、勿論、鎖国時代の日本との交易で栄えていた。

しかし、天下分け目の関ヶ原後、政権は徳川家康に移り、琉球王国への侵略を画策した薩摩藩は徳川家康に申し出、許しを請うて兵を送り、琉球王国を戦いの末、属国にしたのである。

その時、奄美群島も薩摩藩の支配下に置かれ、二百数十年間、想像を絶する圧政に苦しんだのである。

そして明治維新。

廃藩置県によって琉球王国は沖縄県として薩摩藩から切り離されたが、奄美群島は薩摩藩から形が変わっただけの明治新政府の鹿児島県に編入されたのだ。

その後も富国強兵殖産興業路線を突き進む明治、大正、昭和と戦争遂行政府の圧政化に置かれ、人民は疲弊したまま、太平洋戦争に突入したのである。

その後、大日本帝国陸海軍の敗退。

一九四五年（昭和二十年）八月十五日。

沖縄と奄美群島を除いた日本は第二次世界大戦で敗北すると、連合国軍最高司令長官ダグラス・

マッカーサーが指揮するアメリカ軍を主体とし連合軍の占領下に入った。

占領軍の占領政策の仕事は迅速であった。

ダグラス・マッカーサーは総司令部ＧＨＱ（TheGeneralHeaithQuestionnaire）で日本国憲法を成立させ翌年から施行した。

憲法には主権在民、象徴天皇制、戦争放棄、男女同権、などの理念を盛り込んだ理想的な憲法であったという。

また、改革の大きな柱として戦争協力者の公職追放、財閥解体、農地改革などが含まれ、農地改革で自作農が飛躍的に増えた。

それに日本の民主化政策の一つが労働組合の育成であった。

また、戦時中に投獄されていた、共産主義者や社会主義者が解放され、活動を再開し、労働運動は活発化、組織化されていった。

特に一九四六年（昭和二十一年）から一九四七年（昭和二十二年）にかけて労働組合が相次いで結成された。

当初の労働運動は、インフレや産業荒廃を背景にした生活条件闘争であった。

それらの一番のピークは一九四七年（昭和二十二年）二月一日に計画された「二・一」ゼネストであった。

このゼネストには、官公庁民間合わせて数百万人が参加する予定だった。

だが、ダグラス・マッカーサー元帥は強権を発動し、

「日本の安定のため」

とゼネストを全面中止させたのである。

以降、反政府色の強い労働運動に対しGHQが激しく圧力を加えた。

具体的には、一九四八年（所和二十三年）の公務員ストライキの禁止。

一九四九年（昭和二十四年）の労働組合法・労働関係調整法の改定に禁止。

一九五〇年（昭和二十五年）のレッドパージ（Red purge）や団体等規制令など施行した。

このダグラス・マッカーサーとGHQの政策転換に右派系・中道系の組合の地位が相対的に強まり、またソ連色が強い日本共産党の影響が強かった左派系の組合では日本共産党の影響を嫌い、排除しようとする産別民主化同盟の影響が強まっていった。

でも、この時点では奄美群島も沖縄諸島と同じようにアメリカ軍に占領されたのである。

沖縄諸島、奄美群島の島人たちは終戦直後、薩摩藩以来の日本の圧政から解放してくれたアメリカ軍を解放軍として捉え、奄美群島の独立を指示した男がいた。

沖縄出身の徳田球一である。

徳田球一は「琉球一の人物」になれとの願いを込められて「球一」と名付けられた沖縄の名護

生まれの秀才であった。

苦学して弁護士になり、日本社会主義同盟に参加、その後、ソビエトを訪問、一九二二年（大正十年）、当時、非合法であった日本共産党の結成に参加。

その四年後の一九二八年（昭和三年）二月二十八日、徳田球一は「治安維持法」の容疑で、九州、門司駅頭で特高に逮捕された。

徳田球一はそのまま獄中に幽閉された。

アメリカ軍によって解放されたのはなんと逮捕から十八年後の終戦の年の一九四五年（昭和二十年）十月十日であった。

それまで東京・府中刑務所に投獄されていたのである。

解放された徳田球一は連合国軍最高司令長官ダグラス・マッカーサー元帥率いる連合国軍を「解放軍」と呼んだのである。

徳田球一は日本共産党の再建を念頭に置いて、書記長に就任、中国から帰国した野坂参三と共に衆議院議員に当選し、共産主義運動を展開しだしていた。

だが、徳田球一は東西冷戦の中で日本の共産主義化を嫌うダグラス・マッカーサー元帥とGHQとも衝突し、一九四七年（昭和二十二年）、「二・一ゼネスト」を指導、「解放軍」と位置付けていた占領軍との関係は決裂した。

一九五〇年（昭和二十五年）六月、徳田球一は公職追放、レッドパージされ、七月、団体規制令による出頭命令を拒否したため逮捕状が出された。

地下に潜行した徳田球一は十月、大阪港から船で、建国間近い中華人民共和国に亡命し、北京に機関を組織した。

徳田球一は戦前の悪法「治安維持法」に引っかかり特高警察の残酷な拷問の後遺症と病魔に襲われていた。

それでも、病床の北京から「自由日本放送」を通じて武装闘争方針を指示した。

やがて病魔は徳田球一の肉体を蝕み、一九五三年（昭和二十八年）、脳細胞血管の麻痺のため北京で死去した。享年五十九であった。

そんな徳田球一は終戦後、刑務所から解放後すぐ「沖縄人民共和国」「奄美人民共和国」を提案し、活動したのである。

徳田球一の指示を受けた奄美大島出身の共産党員で満州から引き揚げたばかりの「満州共産党グループ」の久留義蔵が帰島した。

徳田球一の考えは奄美共産党の結成であり、「沖縄人民共和国」、そして「奄美人民共和国」の建国であった。

早速、久留義蔵は奄美群島の若者たちをオルグ、一九四七年（昭和二十二年）二月一日、奄美共産党が結党された。
その時の要綱がある。
参考に掲載する。
■組織的には非合法とする。
■規約要綱は日本共産党に準じるが、組織は日本共産党とは別組織とする。
そして、綱領として次の八箇条を挙げている。
■奄美人民共和国を樹立
■奄美人共和国憲法の制定
■ポツダム宣言（Potsdam Declaration）の完全実施
■戦争犯罪人の追放
■農地改革の実施
■言論、首魁、結社、信仰の自由
■労働組合法の制定
そして、第八条である。
■戦争被害の賠償を日本政府に要求し、奄美群島の復興をはかる。
幻の「奄美共和国」宣言である。

だが、徳田球一らが「解放軍」と考えていたアメリカ軍を主にした連合軍は「解放軍」ではなかった。

「占領軍」だったのだ。

裏切られたのである。

つまり、東西冷戦の中で太平洋の要にある奄美群島の共産化はワシントンＤＣ（Washington, D.C.）の世界政治の中枢ホワイトハウス（White House）が許さなかったのである。

そのためアメリカ中央情報局ＣＩＡ（Central Intelligence Agency）は悉く、非合法であった奄美共産党を弾圧し、労働者の祭典メーデーも中止させ、集会、言論、出版を禁止した。

そして、アメリカ奄美軍政府は一九五〇年（昭和二十五年）三月二十八日、奄美共産党員十八人を逮捕した。

容疑は暴動を計画したとの嫌疑であった。

その時、党員の二人は島の奥深くのジャングルに四〇日間も潜伏、その後、島から脱出、本土に密航し、東京に現れたのである。

慌てたＣＩＡは二人を追跡したのだ。

そのような状況の中で徳田球一たちが思い描いた「沖縄人民共和国」も「奄美人民共和国」もアメリカ軍政下と日本共産党の路線変更によって水泡に帰し、幻となったのである。

このように奄美でも痛く熱い闘いがあったのである。

ところで沖縄と奄美は同じだと思われている人が多い。

例えば、庶民の食生活に大きな影響を与える食文化。

沖縄も奄美も豚を主の食材として使う事には変わりがない。

だが、主食のソーメンだけをとっても違う。

沖縄はソーメンを炒めるソーメン・チャンプルー。

だが、奄美は炒めた野菜に茹でたソーメンをまぶす、油ゾーメン。

まったく、味が違う。

また、違うのは飲み物である。

沖縄は米を原料にした蒸留酒「泡盛」だが、奄美群島はサトウキビから採れた黒糖を原料にした焼酎である。

さらに、よく「島唄」と言われるが「島唄」とは奄美群島の島々で歌われていた島社会独自の歌を「島唄」と言ったのである。

現在は混同されているが、沖縄では「島唄」とは言ってなかった。

奄美群島の人々にとって「島」とは自らの故郷。

帰属地を指し、「島唄」とは故郷の民謡をさすのである。

内容は集落の生活に密着した労働歌や伝承、それに即興の歌遊びなども歌われていたのだ。歌唱方法は裏声を多用する独特で、音域は非常に広い。

それに楽器だ。

奄美群島の楽器三味線は見た目には沖縄の三線と似ているが、沖縄では太い弦を水牛の角を加工した爪や、最近ではギター用ピックなどで弾くが、奄美では細い弦を薄くて細長い竹ベラやプラステックのへらなどで弾く。

このように沖縄と奄美群島は成立の歴史も文化も違う。

でも、本土の大半の人たちは沖縄と奄美群島を同一視しているのである。

いま、島のアイデンティティが奄美群島に人々の方言さえ消し、交通の便の発達や観光客の来島で、本土化が激しく、消えゆく独自性に無さへの現代の奄美群島への警告なのかもしれない。

徳之島を含めた奄美群島も他の離島と共に失われていく特有の文化、豊かな島に根づいた信念がある。

何時の時代にも圧政に苦しみ、差別されているが、そんなことはものともせずどっこい「反骨」の「棘」を内蔵している島人たち。

「棘男」武建一もその一人である。

さて、武建一は珍しく家族の事を語った。

「徳之島におる叶光武は、親父の姉の子供ですからね。従弟ですか。いま、島でメロン農家をやっているときいている」。

「書記長の洋一のお父さんは三男坊で、うちの親父は次男坊。長男は戦争で戦死したんですよね」。

「男が家を継承するというのは島の仕来りですが私は失格」。

「私の兄妹は全部女の子なんで、洋一が大阪へ出てきて、徳之島の岡前で根を張ることが出来なくなって、私もこういうかたちで男ひとりですよね。

「洋一の子供は、何人か女の子供がおりますので、孫あたりがひょっとして徳之島に帰るのか、わかりませんけどね」。

「私の場合は、孫あたりは徳之島に帰るというような気持ちはなさそうでしてね。徳之島の私の家は、親父が八十歳過ぎてから作った家でしてね」。

「私は八十歳過ぎたら、家作るよりも、ゆったりご夫婦で旅行でも行ったらどうですか?、「やっぱり家を作らなきゃいかん」というので作って、あれは親父が私に置いてくれたんですよ」。

「現在、家は貸しているようですよ。妹がひとり徳之島におりましてね、妹がその家を面倒みてるんですけど、妹が学校の先生かなにかに貸してるようですね。

家は置いておくと腐りますからね、誰も使わなかったら」。

「結局、徳之島の武家そのものは、私と洋一の時代で終わりますね」。

「当時、徳之島は島全体で信号はない、街灯がない、水道もない、テレビもない、ラジオはいくらかお金持がある家でなければなかったですよ」。

「そんな状態ですよ」。

「子供たちも大人も裸足で歩いている時代ですからね」。

武建一は言う。

「その当時は思わなかったんですけど、十九世紀頃のイギリスの労働者の実態というのは八歳か九歳くらいで酷使していたんです」。

「それは、あまりにも酷いということで、イギリスの労働組合が立ち上がった。世界でいえばイギリスが産業革命ということで大工業の発祥の地でもありますから、労働組合もイギリスが発祥地なんですね」。

「でも、人権どころか牛馬の扱いみたいなもんです。」

「資本家というのは金儲けのためなら、人殺しの、酷いものなら原子爆弾、水素爆弾などたくさんの兵器を開発する。これは人殺しのための兵器ですが、金になるものでしたら平気で開発する」。

資本家は恐ろしい。その恐ろしさは徳之島でも変わらない。

資本主義社会だからだろう。

さて、武建一に少年時代は……。

「徳之島は食べる物は、銀シャリじゃなくして、お粥さんですよ。お粥さんでしたらお米を沢山食べられれと思う。でも、芋ですね。当時の子供たちは、水が出るところへ行って、水をバケツに入れてかついで、家にある瓶にいっぱいになるように、丘の上に水をかつぐ」。

「ですから、牛とか馬は労働力として置いてますからね、その食事、草を刈ってやる、そして学校から早く帰ってきたら、山にある自然の枯れ木を取りに行って、それがガスや電気に代わるエネルギーですからね」。

「そして夕方になると、牛や馬が食べる草を刈る。もう小学校三年生から四年生は、立派な労働力ですよ」。

武建一は家族に関して言う。

「家は貧乏だった。明治時代から無産階級ですね。家の近くに土地が無かったのでサトウキビ畑が無かった。農作業はやらず、派手好きの父は自ら自動車の免許を取り、日本軍の基地などで働いていた」

「私の父は武家の次男。長男は南方の戦場で戦死。三男の長男が今、「関西生コン」支部の書記長をしている武洋一ですよ」

「みんな自由。自分の事をすれば良い。私は日課としていた水場に行って水を汲み、家の庭にあった甕に入れた。その作業が終わると近くの山に行き木の実を取る。大自然。山からのエネルギーですから。今では未成年者を働かせたと問題になりますが、当時、私は知りませんでしたがイギリスでは少年の労働が当たり前のようでした」。

「私は父が沖縄に行っている間は従弟の洋一と一緒に暮らしていました。悲しいかな楽しいかな同胞です」

「書記長の洋一は闘牛が大好きだ。彼のお父さんは農業やっていたので、牛との付き合いも長く、畑もあった。兎に角、闘牛が好きだった。今の島の人たちは家を持ち、その隣には必ず畑がある。そんな家の造りだ。その畑が、一瞬、姿を変える。闘牛場になるのだ。民衆の中から発生した闘牛ですから。場所は自分の畑。餌はサトウキビ。それに闘う者は自分の倅。島暮らしの極意えすね」。

「遊ぶ。一つの事に熱中する。いい事だ。その間、母は大きな背負い籠に日用品雑貨をしこたま詰め、全島を歩き廻り、家々を訪ね行商をして、工賃を稼いで、姉、妹の三人育てました。母は頑張り屋です。それに優しい」。

「母親の朝早くから夜遅くまでの行商は大変な仕事でした。だから母親への強い思いが残っているんです。お袋はどちらかと優しさ、芯の強さ、その両面を持っているような人でした」。

「人は嘘ついたらいかん」。

「正直でなければいかん」。

「人と人との信頼の基礎である」。

「そんな格好の良い言い方ではなかったですが正直な生き方、努力する生き方を教えてくれました」。

徳之島に転機がきた。

沖縄より早く、奄美群島は本土復帰を果たしたのだ。

島民は奄美群島が本土復帰を果たし明るい希望に満ちた社会になると思っていた。

武建一はただ、毎日、忙しく島内を走り廻る母親の手伝いに明け暮れていた。

それに、当時、徳之島から鹿児島の県立高校などに入学する子供はよほどの地主か金持ちの息子で、武建一の時代、徳之島からの高校進学する生徒は占領軍の許可を取らなくては不可能でしたので、ほんとに数えるほどでした。

つまり、就学環境は良くなかった。

家族思いの武建一は、学校より、毎日、忙しく島内を走り廻る母親の手伝いに明け暮れていた。

この時代は一世を風靡した演歌歌手井沢八郎の『あゝ上野駅』に魅せられた全国の少年少女が集団就職列車で生きる夢、目的を持って憧れの都会を目指した時代である。

武建一にも人生の転機の時が来た。

十八歳の時である。

数年前に島を出て行った学校の先輩が島に帰って来た。

その先輩は従弟であった。

「岡前というところは小さい村でしたからね、私はガキ大将でしたから、大阪に誘ってくれた先輩とは、小さい頃から一緒に遊んでいた。成長してからは、その方もすぐ大阪に出ていかれたし、私は島での仕事でしたから、それほどお付き合いはなかった」。

だが、徳之島に居た時の姿が「アッと」驚くように大変貌していた。

武建一はその姿を見た時、驚愕した。

真新しい紺の背広に白いシャツに赤のストライブのネクタイ。

ズボンは折り目が真直ぐ、一直線で下まで走る。

その下にはピカピカの黒い皮靴。

この男を見た時、武建一は一日も早く、都会に出て働きたいと思った。

この男は島を出る前には頭はボサボサ。

交差点も無い、埃ぽい田舎道を裸足で歩き、サトウキビの根っ子をしゃぶっていた青年がこうまで変わるものか。

変身だ。

都会は魔物だ。

先輩は自分の事をリクルーターと呼んでいた。

リクルーターとは、小ぎれいな格好で都会生活の匂いを振りまき、島や農村から多くの少年少女を都会にスカウトする役目を負っているのだ。

因みに、リクルーターとはアメリカ軍で新規入隊もしくは予備役登録の兵士採用を担当する軍人の事だ。

「俺と一緒に働くか。すぐ、金が入るよ。チャンスを逃すなよ！」

リクルーターとして働いていた先輩は成績を上げなくてならないので武建一に決断を迫った。

「都会に出るか！」

「島で燻るか！」

親思いの武建一は判断に迷った。

まず母親に相談した。

予測した通り、あまり良い返事ではなかった。

働き手を島の外に出すことを嫌がったのだ。

次に父親に相談するが優柔不断で結論が出ない。

でも、武建一は夢にまで見たモダンな背広を着た自分の姿を思い浮かべ、それに自分の稼いだ金を仕送りし、喜ぶ母や妹の顔を思い浮かべたいた。

武建一は心で決めていた。

決めたら行動が速い。

武建一は当時、徳之島と神戸を結んでいた関西汽船の切符を手に入れた。

当時の価格で確か片道五千円。

往復ではない、恋の片道切符である。

出発の日が来た。

岸壁に着いた。

もう、関西汽船は接岸していた。

岸壁で母親と妹二人が泣いていた。

照れ屋の父親は岸壁に来ていたが話すことが無かった。

関西汽船は南シナ海に向け、出航した。

荒れ模様だ。

波が荒い。

当時の関西汽船は徳之島から奄美大島の名瀬港に寄港、一気に神戸に向かう。

武建一が乗船した船の座席は船底に近く、油と湿った空気が漂い、あまり、環境は良くなかった。

都会への淡い「夢」を抱いて、武建一は居心地が悪い船底の座席に三日三晩、眠れないまま縛り付けられたのである。

関西汽船は南シナ海と黒潮渦巻く、太平洋を北上、四国沖から瀬戸内海に入り神戸港に着岸した。

武建一は驚いた。

船の上から覗くと、巨大な煙突が街に追い被さるように立ち、真っ黒な煙を吐いていた。

その光景を見ただけでも、都会の熱気、覇気に圧倒された。

船から降りた武建一は阪神電車に乗った。

驚愕である。

初めての電車だ。

飛び行く車窓の景色に魅せられた。

電車を降り、武建一は梅田の繁華街に恐る恐る入っていった。

「なぜ、こんなに人が多いのか。私が生れてから会った事のあるすべての人に会っている気がする。いや、それ以上だ」。

それほど都会は人が多い。

島にはエスカレーターもエレベーター無い。

それに、信号機も無い。

すべて現代的なものは無い。

あるのは空気と水。

海。

大自然だけである。

大阪の信号機はまるで生き物のように、一つで街を支配していた。

信号が変ると進む人、止まる人、発車する車、様々な物がまるで動物のよう動き回る。

まるで、信号機は都会の魔法使いだ。

武建一はこんな激しい社会で暮らせるか。

大いに悩んだ。

特に「島もん」の武建一を悩ましたのは関西弁である。

関西弁を何とか克服しようと心に決め、十九歳の時、武建一は大阪に出たのだ無理であった。

人の前では黙り、無理やり笑うだけであった。

徳之島の友達に紹介されて入ったのが、共同組というセメント輸送通運業、生コン運輸業者だった。

従業員千人もいる大きな会社で、生コンクリートを輸送からセメント輸送まで一手に引き受け、大阪では最大手であった。

本社ビルが阪神電鉄の福島駅の近くにあり、五階建てであった。

武建一は生まれて初めての五階建てのビルに感激した。

なにしろ島では木造の家しか見たことが無かった。

武建一にとって、五階建てビルは「都会の象徴」であり「富の証」だったのだ。

ビルを見上げ、武建一は

「生コン業界で生きて行く！」

と誓ったのだ。

徳之島から大阪に出た武建一は建設現場の最先端、生コン業界に入り、前途洋々の気持ちだった。

武建一に「生コン人生」ここに始まったのである。

# Session 9　若くして委員長就任

その頃、関西地方の生コン業界には本格的な労働組合は無いに等しかった。

ただ、運転手だけの職場を組織した全国自動車運輸労働組合（全自運）が組織され、大阪に全自運の支部が三つほどあったが、労働界で目立つほどの活動はしてなかった。

武建一は当時、生コン会社に入社したばかりの若造だし、業界の構造も、社会の仕組みも、何もわかっていない世間知らずの若者だった。

何しろ若かったが、武建一は仕事をするのが精一杯で毎日、疲れ果てていた。

先輩から押し付けられたカール・マルクスの本を読む気など毛頭なかった。

むしろ武建一は何を隠そう、組合運動よりは会社側にとっては都合の良い優等生だったのである。

必死に働き、給与を貯め、故郷の徳之島の母や妹などの家族に仕送りしなければならない。

そんな気が強かったので正直、組合運動にはあまり気が乗らなかった。

島育ちの武建一は子供の頃から貧困は日常茶飯事であった。

子供の頃から貧困を自らも体験していたので、生コン業界の重労働も、劣悪な労働環境も、この当時は当たり前だと思っていた。

「休まない」。

とにかく、武建一は親方に言われたそれ以上の仕事を熟す。

そうすれば報奨金が貰える。

有難いことだ。

それに毎日使う、道具のミキサー車の手入れも欠かさなかった。

そうした武建一の姿勢に会社側も理解を示し、何度も会社から優秀作業員として表彰されたのだ。

入社二年目である。

会社は共同組から三生運送と社名が変更された。

この年、会社に本格的は組合が誕生した。

だが、内情は御用組合。

組合の中心的な人物は会社の上役だった。

撮影　亀村佳宏

でも、武建一に取って気に入らなかった。

その上役は分別臭い会社側の言い分を振りまいていたからだ。

でも、武建一にはその男よりも気になる男がいた。

その男は勝又十九二（かつまた・とくじ）と言った。

勝又は北海道小樽出身で、元自衛官だった。

歳は武建一より、十歳ぐらい上に感じられた。

仕事が終わると会社の近くにあった勝又の下宿によく遊びに行った。

狭い部屋に覆いかぶさるようにある本棚はカール・マルクスのぶ厚い『資本論』や社会主義関係の本などがぎっしりと埋つくしていた。

夜中、我々が帰ると勝又は黙々と本を読み耽り、粗暴でガサツな生コン業界ではあまり見かけない珍しい信頼のおけるインテリタイプであった。

土曜日などの夜。

勝又は若者たちを部屋に集め、労働組合や社会主義、革命などの話など深夜まで話をしていた。

その中でも、

「金より人のために生きろ！」

凄い名言を吐いたアルゼンチン（Argentine Republic）のブエノスアイレス（Buenos Aires）

医学大学出身の革命家チェ・ゲバラ（Che Guevara）の話に花が咲き、酔いしれた。

その塾を通称仲間内では「勝又学校」と呼んでいた。

勝又の望みは学校運営だけではなかった。

労働組合活動に非常なほど熱情を持っていた。

狙いは組合の全権を握れる委員長の座だった。

そのチャンスがやって来た。

勝又は労働組合委員長選挙に委員長として立候補したのだ。

選挙予想では優位に立っていたのは、会社側が推薦していた御用組合の委員長だった男だった。

だが、選挙は水物、魔物。

蓋を開けたら、予想を裏切り、前委員長を勝又が大差で破り、初当選してしまったのだ。

「労働者としての勝利を獲得」

原則的なスローガンを掲げ、喜んだ勝又は当選すると電光石火、執行部を刷新したのである。

それと同時に全国自動車運輸労働組合（全自運）に加盟、「闘う労働組合」として出発したのだった。

武建一は組合の執行委員長として名乗りを上げた勝又とは距離を置き、冷ややかな目で行動を観察していた。

それでも武建一は熱心に「勝又学校」へ通った。

それは、勝又の人間性に関心があったからである。

武建一は自分の人生ではまったく感知せず、経験したこともない人間関係を勝又の行動の中に見ていた。

勝又は自分以外の人間の為に本気で怒り、本気で心配し、そして本気で闘うのだ。

武建一は勝又の言動に感動した。

あれほど会社側に優秀作業員として認められ、それを自認していた武建一であったが、突然、勝又に惹かれ、労働運動に目覚めて行った。

それは予期せぬ会社側の対応であった。

勝又は工場内の片隅に資本側が雇ったヤクザ者に追い詰められ、惨めな姿を晒していたからだ。

そして、それまで大人しかった御用組合が豹変、新たに委員長になったの軍団が勝又を暴力で潰しに掛かったのである。

会社側の常套手段だ。

驚きである。

会社側はヤクザ者を勝又潰しとして雇ったのだ。

それも大阪の裏社会に通じている経営者がヤクザ組織から五人を事故安全対策委員なる名目

で突然入社させたのだ。

その五人は職務にかこつけ運転手を呼び出し、組合からの脱会を強制、恫喝したのである。

滅茶苦茶時代だ。

ヤクザ者たちは出勤すると職場でジャックナイフをチラつかせ、組合員に労組からの脱退を強要していた。

「お前ぐらい殺るのは訳ないんや。せいぜい二年で釈放だ！」

「地獄がいいか！　極楽がいいか！」

「組合辞めたら、会社から十万円でも二十万円でも取ってやるぞ！」

ヤクザという「暴力装置」による露骨な組合員に脱会作戦である。

しかし、勝又は怯まなかった。

武建一は理解できなかった。

なんで、勝又は闘うのか。

乱暴なヤクザ者を何人も向こうに回しても、勝又は一歩もひけを取らないのは何故か。

勝又を支えている労働運動とは何なのか。

素直に興味が涌いてきた。

同時に会社のやり口に疑問を抱き出したのだ。

武建一は迷っていた。

勝又の行動に賛成していた。

だが、行動を共にすることは会社側を裏切ることになり、仕事を干されてしまう可能性があった。

その結果、徳之島の家族に約束した仕送りが出来なくなる。

しかし、武建一は会社と喧嘩するために島から出てきた訳ではない。

我慢の連続であった。

でも、ヤクザ者のチンピラに罵声を浴びせられ、脅され、耐えている勝又の姿を正視できなくなったのだ。

その時、勝又が解雇されたのだ。

ヤクザ者にナイフで脅されても抵抗を辞めなかった勝又に対して、会社側は
「上司への反抗的な態度」

つまりヤクザ者に難癖を付けたと、解雇したのである。

解雇当日、勝又は出社した。

でも、入口の門の鉄格子の中に陣取った、会社側の役員とヤクザ者のチンピラがピケを張り、勝又の構内への侵入を拒んだのである。

勝又は激しく抗議した。

会社側の反応は固く、幹部の抵抗で門が開くことは無かった。

「なんだ、これは！」

「これは会社のやることか！」。

「一人の人間に対して、大勢の人間たちが寄って集って、小突き回すとは何事か」。

武建一は堪忍袋の緒が切れ、一気に変貌した。

現場にいた武建一は怒りに震えた。

「絶対に許せない！」

この刺激的な事が武建一の労働運動との距離を急速に縮めたのだ。

路上で、小突き回され、罵倒され、力ずくで排除される勝又の姿は武建一に取って労働運動活動家の原像が心に沁みる原風景となったのである。

その後、いくら妨害を受けても勝又の行動は変わらなかった。

排除されても、何時も事務所の門の前に立ち、雨の日も風の日も、手書きのビラを一枚一枚、「読んで欲しい！」

と丁寧に撒いていた。

そんな勝又の動きをあざ笑うように、会社側は組合への弾圧をエスカレートさせ、日雇いやアルバイトを大量に雇い、その人員を既成のスタッフ、つまり、勝又の息の掛かった組合員に対峙させ、暴力的に仕事を奪っていったのだ。

その結果、組合員のギャラが半減し、生活が困る人が出ていた。

残業代を生活費に充てていた、組合員は兵糧詰めだ。

また、組合が集会を予定するとその前の日に突如、深夜の大量出荷作業などを入れ、組合員を集会に参加できないよう妨害に乗り出したのである。

勝又は門の前でビラを配った。

会社側への意見の申し出は一切拒否され、団体交渉にも応じなかった。

万策尽きた勝又は上部団体全自運の三生運輸佃支部の臨時組合大会を開催した。

テーマは、人事を一新であった。

その大会の選挙で武建一は教宣部長に選ばれたのだ。

一大事である。

武建一は二十二歳。

右も左も分からない若者だった。

会社側の猛者とやり合うためには勉強するしか手がない。

早速、動いた。

当時、日本共産党が運営していた「西淀川労働学校」に通ったのである。

教科書はやはり、カール・マルクスの『資本論』などだった。

最初はさっぱり判らない。

でも、読みこなして行くと少しずつ、社会の本質が分りかけて来た。

働き方、働かせ方の問題点。

何故、資本家は儲かり、労働者は損をし、そして経営者、資本家は労働組合を何故、嫌うのか。

社会構造の現実的理解だ。

武建一は始め、頭の中に朝霧が立ち込めているようだったが、時間が経つとその霧も晴れ、学問の輪郭がハッキリしだしのである。

「労働者は搾取されているのだ!」。

「安い賃金で無理やり長時間働かせるのだ!」。

「労働者は賃金を稼ぐため長時間働くのだ!」。

その結果、労働者には残業分のギャラは入るが、労働者が働けば働く程、経営者側は儲かるのである。

武建一は向こう見ずの正義感で労働運動に飛び込んだが、働く者と働かせる者の論理を理解し出していた。

武建一は組合の役員として、団交の席にも出る。

だが、老獪な会社側の連中に、

「若い！　甘ちゃん。もっと勉強しろ！」

簡単にあしらわれ、その悔しさは身体に重く、圧し掛かっていた。

悔しい。

几帳面の頑張り屋の武建一は勉強をした。

死に物狂いで、勝又の部屋に通い、手当たり次第で本を読み漁り、理論武装しだしたのだ。

馬鹿にされるのは嫌だ。

でも、勉強しなければ負けてしまう。

現実だ。

勝又が本棚から出す本をまるでコカ・コーラを飲む如き一気に読んでいた。

武建一は必死に本を読み、カール・マルクスを学び『共産党宣言』など隅から隅まで暗記し、
社会と経済の仕組みを頭に叩き込んだ。

毎日が素晴らしい驚きに連続で、満ち溢れていた。

知識が武建一の脳の中で、波頭を荒げて分裂したのだ。

まるで、知識は砂漠に水を撒くように無限に水は吸い込まれていった。

カール・マルクスの盟友で『エンゲル係数』(Engelsches Gesetz)で有名は労働者階級の歴史的使命を明らかにした国際的労働運動の指導者フリードリヒ・エンゲルス(Friedrich Engels)などの本を貪り読んでいた。

武建一は寝ても起きても、その日課の繰り返しであった。

労働運動に正義感は必要である。

当然である。

だが、正義感だけで突っ走っても限界があると武建一は考えていた。

経営者の理不尽な政策に打ち勝つには理論が必要である。

自分たちの置かれている状況を正確に把握し、問題点を探り、どのようは形で搾取されているのか、なぜ、搾取を許したままにしているのか、理解しなければ、強力な権限を持つ、経営者には太刀打ちできない。

武建一も数々の闘いで失敗を繰り返し、経営者の前で恥を掻いたが、それでも学ぶことを忘れず、必死に労働運動の道を歩み続けたのだ。

武建一は恩師勝又十九二だと思っている。

でも、それからの動向は知らない。

ただ、北海道に帰ったとのことは聞いていたがその先は不明だった。

さて、日本は「東京オリンピック」も終わり、新たなメッセージを発信する時代を迎えようとしていた。

その代表的な動きの一つが市民運動「ベ兵連」であった。

一九六五年（昭和四十年）四月、アメリカ軍の北爆に反対し小説家の小田実らが「ベトナムに平和を市民・文化団体連合会」を結成、活動を活発させたいったのだ。

大事件が起きた。

労働問題一筋の武建一に転機が訪れたのだ。

一九六五年（昭和四〇年）六月、全自運傘下の関西生コン支部準備会が発足した。

大阪近在の生コン各社の労働組合が連帯し、団結した「産業別労働組合」の誕生である。

この時、武建一は執行委員長に当選したのである。

これは大事件だ。

武建一は徳之島から大阪にやってきてからからまだたった四年、歳は二十三であった。

それも一年間、勝又に付いて労働運動の現場を踏んだだけの若者が何故、「産業別労働組合」のトップ執行委員長に選ばれたのか、不思議でならなかった。

だが「不思議な力」が武建一にはある。

それは不可能を可能にする秘めたパワーである。

つまり、執行委員長の激務は若さと情熱だけで突破し、走れば務まる。

だが、目の前に山積みされている問題をどう対処するか。

武建一は苦労の連続であっても苦労と思わない、目の前の問題を一つ一つクリアして、乗り越えて行けば良いと考えていた。

武建一が就任した労働組合は企業、工場ごとに分断され、組合内部は同一意見ではなかった。

交渉の場では「NO！」で押し返すぐらいの気迫が無ければ団体交渉の時、交渉力が強引な資本家に個々に撃破されてしまう。

資本家は弱い所に目を付ける。

弱い所は明確だ。

意思統一、それに団結だ。

資本家たちは弱い所を徹底的に攻撃して来る。

だが、組合は各々、「お家の事情」があり、武建一が就任した時、生コン業界の労働運動はバラバラであった。

つまり、労働運動の一つの方向性はあったが、行動は各組合に任され、本当の意味での組合総意の意思統一が出来ていなかったのである。

ある組合では会社側の組合組織が出来上がり、関西生コン的な「産業別労働組合」を排除、弾圧していた。

また、別の会社では執行部全員が解雇され、刑事事件になっていた。

それに、武建一が席を置いる三生運送では執行部批判派が第二組合成立に動いていた。

つまり、各労働組合とも自らの組織防衛に手一杯なのだ。

これでは闘えない。

組合の中に一本の太い線を引き、その線を複雑に組み合わせ、活性化させ、そのネットワークの末端から意見が上がってくれば万々歳だ。

それに、集積する情報を分析するセクションがあれば良い。

そこで武建一はそのシステムの設計をオルガナイザイー（Organizer）の石井英明に依頼した。

当時、石井英明は、日本で一番強い労働組合と言われる全日本海員労働組合に所属していた。

つまり、石井英明は世界の海を駆け抜けた「船乗り」だったのだ。

思考形態は深く、そして柔らかく、自由な感じがした。

石井英明は、新しく武建一が組織する組合は新たな感覚が必要とし、執行部内に執行委員長直属の「戦略室」の開設を進言した。

更に石井英明はその「戦略室」には加盟団体の問題や業界全体の問題、それに政治的社会的問題に対処できるような頭脳集団を置かなければならないと説いたのだ。

その戦略室を組織のヘッドクォーターとして組織全体のプランを決め、実行していくのだ。

武建一は当時、日本で珍しい「産業別労働組合（Industrial union）」を作り、生コン業界で働く労働者は一体となって資本と闘わなければならないと覚悟したのである。

そんな理念の下、武建一をチーフにして若手活動家が集まり、「産業別労働組合」のビジョンを語り合ったのである。

【産業別労働組合の具体的なビジョン】。
① 企業の枠を超え、同じ業界で働く労働者が同じ目的で資本と対峙しなければならない。
② 個別の企業を相手にするだけではなく、その企業を動かしている背景資本への闘いを強めなくてはならない。
③ 個人加盟を原則として、外に開かれた多数派を形成しなければならない。
④ 要求、交渉、行動を統一しなければならない。
あらためてこの四ケ条を見てみると、この時点で打ち出した方針こそが、関西生コンの原点であり、今も骨格として存在する。

一九六五年（昭和四〇年）十月、正式に現在の関西地区生コン支部が誕生した。

当然、執行委員長は武建一である。

組合の出発は、五職場、百八十三名の組合員でスタートした。

最初は試行錯誤、苦難苦闘で連続であった。

当然、財政的な理由で組合専従者を置くことが出来ない。

従って、武建一を始め執行部全員は激務を続ける中、運動を行ったのである。

そんな武建一の微妙な動きに経営者側が黙っていない。

経営者側は、「産業別労働組合」の関西生コン支部の成長を食い止めようと、各社とも労務管理体制をますます強化させ、組合活動を絞めつけてきたのである。

だが、それ以前の問題として、各組合には劣悪な労働環境が存在していた。

それを解決するするため、武建一は労働組合の事務所毎に「職場改善要求書」を作成し、嫌がる経営者側と交渉に入ったのである。

武建一は、関西生コン支部で抱えている具体的な問題を明快にして、会社側に提起したのである。

それは多岐に渡っていた。
① ミキサー車の運転席の改善。
② 全車両にヒーターを設置。
③ 便所の改修。
④ 便所にトイレットペーパーの取り付け。

⑤ 便所に臭い消しを設置し、消毒をこまめに。
⑥ 風呂のバーナーを取り換える事。
⑦ 風呂にもう一つ鍵を付ける事。
⑧ シャワーの蛇口を取り換える。
⑨ 皆で顔を洗いたいので洗顔用の石鹸を充分に出す事。
⑩ 定期健康診断の期間を短くすること。
⑪ 食事内容をバラエティの有るものとする。
⑫ お盆の有給休暇を与えよ。
⑬ 食堂にテレビを設置せよ。

以上である。

極めて切実で具体的な要求だ。

悲しく笑える。

この切実な要求を見ると、建築業界の最低部を支えている生コン労働者の労働環境の劣悪さが判明するがユーモアセンスを感じさせた。

つまり、生コン業界はトイレットペーパーもお盆の休みも無いような残酷な業界なのだ。

笑い話だ。

でも、武建一に取ってはこれが、つまり「生」の話が一番なのだ。

世の中、気取ったところで仕方がない。

これが武建一の信条である。

でも、理想的な「産業別労働組合」の関西生コン支部の誕生、そして執行委員長へ就任など武建一に取っては「喜びの時代」であった。

だが、順風満帆の武建一の人生に激しい波乱が待ち構えていた。

突然の解雇通知だ。

一九六六年（昭和四十一年）八月、武建一は会社を解雇されたのだ。

原因は、生コンの三生運送の組合分会長に対してデッチ上げられた「暴力事件」であった。

その経緯は分会長が会社の食堂でたまたま居合わせた管理職に向かって、

「なぜ会社は食事の内容を改善に取り組まないのか？」

と抗議したことが発端である。

会社側の管理職はそれを無視した。

その不遜な態度にカチッときたのか、分会長は管理職を捉まえ、耳を引っ張ったのだ。

これを「暴力事件」とした会社側はこの分会長を解雇したのだ。

当然、関西生コン支部労働組合は抗議し、十一時間のストライキを打った。

すると会社側は武建一ともう一人の組合員に対して解雇通告があったのだ。

しかし、この解雇の原因にはもう一つ別は背景があった。

武建一はその年の秋、アメリカ帝国主義（American Imperialism）のベトナム侵略戦争反対をテーマとしたストライキを計画していた。

その情報が会社側に漏れたのだ。

会社側は、ストライキに関して、

「ベトナム反戦の問題はウチに何の関係も無い」

「アメリカがベトナムを攻撃しているので会社に責任主体はない」

「ストを決行したら組合の責任を追及する」

と言った内容の警告文を出していたのである。

武建一の不当解雇は「暴力事件」に対する報復と、ベトナム戦争（Vietnam War）反対闘争、スト予告に対する先制攻撃であった。

結局、解雇された三人は、以降、解雇撤回の復職闘争を進めざるを得なくなった。

この時期は武建一に取って最もつらい試練の時期であった。

関西生コン支部の執行委員長という肩書があったが、それでは飯が食えない。

それに武建一を悩ませたのは徳之島の家族に送る仕送りだった。

生活費を捻出するために、母から教わった行商やタクシーの運転手のアルバイトで、細々と稼ぎ、組合活動を続けていた。

武建一解雇の時は、厚子という徳之島の妹が高校を卒業、大学に行く時期だった。

徳之島の家族へ仕送り出来なかった残念。

その気持ちを武建一が関生コンの魂の原点としている。

「やられたら絶対やり返す」

この闘争の中からでも、やはり自分ら自身も、しっかり頑張って、自分らの幸せを追求する必要はあるんだ。

だが、自分らのことだけでは駄目だと、やはり仲間、全部の事を考えなくてはいけない。

「ひとの痛みは己の痛み」という言葉も闘いの歴史の原点から発している。

でも、言葉で言うのは簡単だが、実践するのは

「自己犠牲を自己犠牲と思わない」

という意識が必要。

自己犠牲と思っている間は、他人の為にやっているという感覚だ。

それは自己犠牲ではなく、当然の自分が生きていく上の、自分の社会的任務であるし、義務を越している。

# Session 10 「連帯」。この喜び下に。

「連帯」。

武建一に取っては忘れえぬ名だ。

「連帯（Solidarity）」

共通の関心・目的・基準、共感を認識し、グループや階級の心理的な一体感を創り出すことの意である。

これは人々を一つに結びつける「社会の絆」を意味している。

一九八九年（昭和六十四年）、東西冷戦の象徴だった「ベルリンの壁（Berliner Mauer）」が崩壊する契機になったのはポーランド（Polska）の政治組織「連帯」が主導した民主化運動だった。

その求心力となって運動を率いたのがレフ・ワレサ（Lech Wałęsa）であった。

レフ・ワレサは一九八三年（昭和五十八年）ノーベル平和を受賞したポーランド大統領でもあっ

たレフ・ワレサは「古い政治」と「新し政治」の鬩ぎ合いの中で民主化運動を率いて勝利したのだ。

武建一は新たな組合の名前の中に「連帯」を使った。

「連帯」なるフレーズが気に入り、好んで使っているのだ。

一九五四年（昭和二十九年）十一月を底値にして始まった「神武景気」はその後の日本の高度経済の入り口となったのである。

「神武景気」は日本初の天皇神武が即位したのが皇紀元年。西暦に換算すれば六百六十年遡り、西暦紀元前六百六十年に即位してた。

従って、以来の好景気だとの意味である。

どの景気も「他国の戦争」によって引き起こされた。

「神武景気」の繁栄を支えたのは朝鮮戦争であった。

アメリカを代表する自由主義西側諸国と共産主義国ソ連（Union of Soviet Socialist Republics）との東西冷戦の厳しい鍔迫り合いの末、勃発した「他国の戦争」である。

「他国の戦争」とは韓国、大韓民国(Republic of Korea)と北朝鮮、朝鮮民主主義人民共和国(North Korea）が激突した朝鮮戦争（Korean War）の事だ。

一九五五年（昭和二十五年）六月二十五日早朝、北朝鮮の金日成キム・イルソン（金正恩の父）将軍率いる北朝鮮軍が軍事境界と定められていた板門店三十八度線を突破したことから「朝鮮戦

撮影　亀村佳宏

争」が勃発したのである。

第二次世界大戦後、悲しいかな日本は国内にアメリカ軍基地が各地に点在していた。政府はその基地を使い、後方援助することはが可能との判断を下した。

その判断に従って日本人は戦場には立たない代わりに、朝鮮半島で戦うアメリカ軍に大量の武器弾薬を納入したのである。

朝鮮戦争は、敗戦で息を潜めていた日本に取ってはアメリカ軍が朝鮮半島に消費する武器弾薬は魅力的なビジネス、「渡りに船」だったのだ。

アメリカ軍が緑豊かな朝鮮半島をまるで瓦礫の集積のような荒野にするために投下した武器弾薬の対価は莫大なものであった。

その対価「富」によって低迷していた日本経済は戦争特需景気を迎え、駐留軍の調達品など、急速に景気が息を吹き返したのだ。

だが、朝鮮特需による労働者へのしわ寄せなどから、労働運動が活発となり、ナショナルセンター「総評」は左派色を強めていった。

そして、一九五二年（昭和二十七年）四月二十八日にサンフランシスコ平和条約（Treaty of Peace with Japan）が発効され、日本国内で強烈な支配力を持っていたGHQが解体された。

その結果、押さえ蓋が無くなった日本経済は拡大を見せ、産業全般にわたる合理化が進められたのである。

それによって商品市況が大幅に上昇。

この好景気によって日本経済が第二次世界大戦前の水準を回復し、一九五七年（昭和三十一年）の経済白書には、馬鹿馬鹿しい標語、

「もはや日本は戦後ではない！」

と記されている。

また、好景気は人々の家計の所得を増やし、耐久消費財ブームが発生、「三種の神器」と言われる冷蔵庫、洗濯機、白黒テレビが急速に売り上げを伸ばした。

一方、労働運動も生活条件闘争に加え、労働環境の改善、権利闘争も多く行われるようになった。

さらに朝鮮戦争による朝鮮特需によって引き起こされた労働者へのしわ寄せからなどから、労働運動が活発となり、「総評」は左派色を強めていった。

その中で春闘が一九五六年（昭和三十年）に始まり、当初は総評と中立労連傘下の組合が中心となっていたが、一九六〇年（昭和三十四年）頃になると全労会議、新産別からの傘下も相次いで参加していた。

だが、組合運動の左翼化が始まっていた。

その中で春闘は一九五六年（昭和三十年）に始まり、当初は太田薫（宇部窒素労動組合委員長）

の「総評（日本労働総合総評議会）」と「中立労連（中立労働組合連合会議）」傘下の組合が中心となっていた。

それに、日本の新しい時代の組合を創る力、多くの左翼系インテリゲンチャー集団が学校や巷に跋扈していた。

その集団に火を付けたのがアメリカ従属の日本の今後の存在を決める「六十年安保闘争」であった。

この闘争で日本の左翼陣営のポジションが明確に分類された。

その一つに、日本共産党から除名された「全学連（全日本学生自治会総連合）」の「共産主義者同盟ブント」（Bund）がある。

「ブントが死ぬか！安保が死ぬか！」

全学連を仕切り、全国の学生の動員力を誇っていた「ブント」の隊列は国会に乱入し、徹底抗戦をした。

この行動に多くの賛同者を得たが、デモに参加していた・東大生樺美智子が圧死、活動家たちの逮捕が相次ぎ、組織は分裂飛散した。

そして、国家権力側にも大きな変化が起こった。

新安全保障条約を通過させ、鼻高々だったが国会周辺への反対デモ隊規制に失敗、深手を負った岸信介は政権を投げ出した。

次の政権は「貧乏人は麦を食え！」と豪語する広島県生まれ、京都大学初の大蔵官僚、池田勇人が登場、暗い戦後を満艦飾の「所得倍増計画」を飾り、「安保闘争」などを隠蔽し、高度成長へと国民全体を煽動、やみくもに走り出させたのである。

つまり、池田勇人は「政治の季節」から「経済の季節」にシフトしていったのである。

その象徴が東京と大阪を結ぶ新幹線と東京オリンピックであった。

池田勇人内閣は「国民所得倍増計画」を政策の目玉として掲げ、独特のダミ声で、「貴方の月給が十年間で二倍になる」と分りやすい説明を行ない、国民に強くアピールした。

「所得が倍増になる。働こう」

戦後処理で疲れていた国民はその気になって大いに働いた。

この計画は、道路、鉄道、工業用地など産業基盤の公共投資を軸にし、社会福祉の増進や農業保護にも一定の予算を振り向けることにより、年率七・二パーセントの経済成長を想定した。

計画期間の一九六一年（昭和三十六年）から一九七〇年（昭和四十一年）の間の実績は十・九パーセントと上回り、国民一人当りの消費支出は十年間で二・三倍になり、「東洋の奇蹟」と称賛された。

だが、ここで社会の歪みが一気に噴出した。

池田勇人が演説する黄金色の「高度成長経済」は眉唾だったのである。

つまり、景気拡大は株式配当や経営者の報酬が増える一方、労働者の賃金の低下と格差拡大が貧困をもたらしたのである。

「高度成長経済」はまた、経済成長の最優企業は、一方では公害の多発など「生活環境の破壊」「農業の荒廃」「過密と過疎」「経済万能主義」の考え方など、日本国内に様々な問題を引き起こしたのである。

つまり、高度経済成長、所得倍増計画は、資本家にとって優しいものであり、労働者にとっては絵に描いた餅でしかなかった。

現実は過酷な労働環境の中で、休む暇もなく、奴隷の如く働かされていたのである。

そんな働く者に過酷な時代に武建一は徳之島から大阪に出てきたのである。

始めはミキサー車の助手席に座っていた。

何時か、大きなミキサー車を運転して見せると心に誓っていた。

だが、当時、生コンで働く労働者の事を「練り屋」と蔑すみ、呼んでいた。

実際、五十年代まではこの「現場練り」が主流であった。

工場で袋詰めされたセメントを工事現場まで運び、その場で骨材や水を加えて練り混ぜる。

それを網で編んだ「モッコ」と呼ばれる筵で運んでコンクリートを打設するのが、生コン労働者の基本的な姿だった。

武建一が「練り屋」に入った六十年代初頭からはセメントのプラントで生コンを製造し、それを工事現場に輸送するといった現在の形式が定着していた。

このように、近代化されても、生コン業者は差別され、時代が変わっても労働者を蔑む風潮は変わることはなかった。

つまり、生コン業界は地場産業のセメントメーカーと大手ゼネコンとの間に挟まれ、その谷間から逃れる事が産業構造上出来ないのだ。

常に下請的な存在のコン業者はセメントメーカーから高いセメントを押し付けられる。

また、得意先のゼネコンからは買い叩かれ、そうした二つの巨大資本の言われるままにその間で生きて行かざるを得ないのが生コン業界の宿命なのだ。

生コン業界の「谷間の百合」と言われる所以である。

このような資本家との関係は現場にも反映していた。

とにかく、信じがたい労働環境で働かされていたのである。

会社に入ってすぐやらされのはた事は運転手の助手だけではなく、入って直ぐにミキサー車を運転させてもらえると思ったら、武建一はあまり大柄ではない。

「冗談じゃないよ。島の人間に複雑な大阪の街が分るかな」

と笑われた。

それに大型のミキサー車は無理だと配車係に思われていた。

袋詰めしたセメントを運ぶ役。

ミキサー車の運転手に抜擢されたのは会社に入って半年後だった。

でも、苦労の連続であった。

当時のミキサー車はハンドルもクラッチが異常に重たい。

アクセルも思い切り、踏み込まないと動かない。

それと今とは違って昔のミキサー車は冷暖房装置がない。

特に夏場は炎天下で働くのと同じ疲労感があった。

それに昔のミキサー車は車両前部と後部とにそれぞれエンジンが付いていた。

後部のエンジンはミキサーを回すもので、走行中、セメントが固まってしまうと大変なことになるので、走りながら前後のエンジンをかけ、走が前後のエンジンの熱が運転席まで襲い、まるでサウナ、生きた心地はない。

このような重労働なのに労働環境は最悪。

気が狂いそうだ。

それに休日は年に三日。それも正月の三ケ日だった。

武建一は経営側には何の文句も言わず、ただただ仕事に打ち込みであった。

勿論、酒は飲まなかったし、煙草も吸わない。

寝る暇もないほど仕事に追われ、記憶に残っているだけで毎月二百四十時間の残業したことがあった。

そんな残業を断りたいが、断ることなど不可能。

それには理由があった。

それは、武建一は正社員ではなかったからだ。

実際、アルバイト、日雇い労働者だったのだ。

残業を断ったら、次に残業の番が回ってこない。

それに日雇い労働者だから残業以外に困った日があった。

雨の日だ。

雨の日は野外なのでコンクリートを流し込む作業が出来ない。

従って当然、雨の日は休み。

その日は日当が無い。

無給だ。

それだけではない。

生活環境が最悪だった。

徳之島から出てきた武建一は地元不案内なので会社の寮に寝ていた。

寮とは名ばかり、タコ部屋だった。

武建一はそのタコ部屋から脱した。

脱出先の部屋は会社が探してくれた、当時大阪で流行りの文化住宅だった。

六畳一間に同僚三人の布団を敷き、頭を並べて寝たのである。

でも、その部屋にはあまり居心地がよくないので泊まらなかった。

なぜなら、まったく部屋にはプライベートが無く、三人は頭を揃えてごろ寝だ。

その内、会社内に作られた蚕棚の二段ベッドを利用するようになる。

毎日、蚕棚ベッドに二時間ほど仮眠して、あとは働く。

思い出すのは毎朝、目覚まし代わりに名物寮長がガンガンと叩く、バケツの連続音が耳の底にこびりつく。

大柄で乱暴な寮長が出陣だ。

「起きろきろ!」

と怒鳴りながら枕元でバケツを打ち鳴らすのだ。

そのため、慢性的な睡眠不足に陥り、悲惨な事故と隣り合わせの毎日だった。

それに不思議なことに何故か同僚や先輩たちの離職率が高かった。

離職した彼らに取っては生コンのミキサー運転手は俗に言う腰掛だったのである。

つまり、多くの労働者は辞めることを前提にして勤め、バスやタクシーの良い口があれば運転手としてさっさと転職してしまうのだ。

この時期、多くの転職者を出すことは、それだけ生コン業界の生活環境や労働条件が厳しかったと言える。

因みに、働いていた人はほとんどが地方出身者。

九州、沖縄、四国、それに東北や北海道。

それから不思議なことだが、目立っていたのが自衛隊出身者であった。

なぜ、生コン業界が地方出身者と自衛隊出の人を好んで雇用したのか。

そこには雇い主の労務政策上の思惑があったと考えられる。

つまり、雇い主としては田舎者や自衛隊出身者は使いやしい人材だったのである。

貧しくて、ハングリー。

しかも、権力に従順。

悲しいかな、そんな労働者は貪欲な雇い主に文句の一つも言わずに牛馬の如く黙って働くと思われていたのだ。

それにそんな働き手でなければ、過酷な生コン業界の労働環境で耐えられる筈は無いと、経営者側も考えていたのであろう。

さて、救いのように、武建一の勤めていた会社には労働組合があった。

だが、残念、完全なる御用組合だった。

大阪に出た武建一は生コン業界に足を踏み入れたのだ。

不安だ。

一寸先は闇。

苦労したのが、機関銃のように話す関西弁のスピードと独特の符牒だった。

馴染めない。

塞ぎ込み、悩んだ。

それな厳しい時期に気が付いたのだ。

不思議なことに何故か同僚や先輩たちが会社を辞めていくのだ。

今日、会って、笑顔で話しあっても次の日には職場にはその顔が見えない。

「俺たちに明日はない」

なのだ。

つまり、生コン工場の離職率が高かったのだ。

離職した彼らに取ってミキサー運転手は俗に言う次の仕事の「腰掛け」だったのである。

多くの労働者は辞めることを前提にして生コン産業に勤める。

だが、バスやタクシーなどの良い働き口があればドライにさっさと転職してしまうのだ。

多くの転職者を出すのは、それだけ生コン業界の生活環境や労働条件が厳しかったとだからと言える。

先輩や仲間に聞いてみるとほとんどが地方。

九州、沖縄、四国、それに東北や北海道の農村部の人たちだった。

それから不思議なことだが、その中で目立っていたのが何故か自衛隊出身者であった。

なぜ、生コン業界が地方出身者と自衛隊出の人を好んで雇用するのか。

そこには雇い主の労務政策上の思惑があったと考えられる。

つまり、雇い主としては田舎者や自衛隊出身者は使いやしい人材だったのである。

貧しくて、ハングリー。

しかも、権力に従順。

悲しいかな、そんな労働者は貪欲な雇い主に文句の一つも言わずに牛馬の如く黙って働くと思われていたのだ。

そんな働き手でなければ、過酷な生コン業界の労働環境で耐えられる筈は無いと、考えていたのであろう。

武建一が労働組合の活動の現場に復職したのは不当解雇されてから、なんと四年目の一九七〇年（昭和四十八年）春であった。

巷では日本中が夢にまで見た「日本万国博覧会」（一九七〇年三月十五日〜九月十三日、百八十三日間開会）は、世界七十七カ国の参加のもと六千四百万人をも超える入場者を記録し、その幕を閉じた。

大阪の経済を支えていた「万博景気」が終焉を迎えたのである。

華やかな「大阪万博」が開幕するとそれまでの生コンの出荷量の伸び率は急速に鈍化、全体的な需要量が減ったのである。

景気はすべての人を狂わせると言われるが、その一端が生コン業界に降り注いだ。

武建一が現場に復帰したころ、生コン工場の数は全国で約二千六百ヶ所にも達していた。

驚きの数字である。

武建一が現場を離れる五年前には全国の生コン工場は約八十ケ所でしかなかった。

ところが、生コン工場は五年の間に急激に増殖したのである。

なんと驚くなかれ、伸び率に換算すると三百数十倍である。

その要因の一つが、日本のインフラ整備が急速に進んだ結果であった。

例えば関西地区では「大阪万博」の開催に向け、万博会場や大掛かりの道路やその周辺の商業施設、それにホテル、マンション群、住宅などが目白押しに開発され、工事ラッシュとなったのである。

この工事ラッシュを受け、セメントメーカーは生コンの需要の拡大を見越し系列工場の増設などに力をいれていった。

当然、大阪市の生コン出荷量は一九六四年（昭和三十九年）が四百五十万立法メートであったが、驚くなかれ、万博前年の一九六九年（昭和四十四年）の出荷量はその倍に近い量まで伸ばしていた。

そんな生コン業界に異変、波風が起こった。

これまで生コン業界と言えばセメントメーカーの直営か関連資本の経営が普通であった。そこに景気動向を見ていた独立系資本家や成金の経営者、ヤクザ企業など、全く生コンに関係のない「金儲け至上主義」の業者が参入して来たのである。

参入した生コン業者はセメントメーカーや大手ゼネコンなどに左右されない、独立独歩、「一攫千金を狙う！」、アウト的な連中であった。

だが、「万博」が終わると、「金儲け主義」それまで飛ぶ鳥落とす勢いで大きな顔をしていた新規参入のアウト業者の青息吐息の顔が見え出してきた。

生コンの需要を当て込み、生コン業界に出張った経営者は労働者に「合理化」案をチラつかせ、理不尽にも各所で労働者の首切りを始めたのである。

「合理化」のターゲットになるのが何時の時代も変わりない。

それは労働者だ。

武建一の出番である。

怒り心頭、武建一は全力を挙げて理不尽な生コン経営者と一戦交えたのだ。

六十年代の従来の労働組合と比べたら、武建一が推し進めている「産業別労働組合」は数段に強い。

「産業別労働組合」の特権、同じ業界ならどの現場でも行ける。

武建一たちはその利点を活用、着実に成果を上げていた。

だが、生コン経営者側も関西生コンの労働組合潰しに掛かってきたのだ。

まず、組合潰しのテクニックは組合員を組合から脱退させることだ。

だから、えげつないビラを作り、

「仕事が欲しければ関西生コンを脱退せよ!」

ビラ巻き作戦である。

そして「反武建一」、「反関西生コン支部キャンペーン」も反対派の業界ぐるみで行われてたのだ。

闘いは武建一指揮下の関西生コン支部の勝利が目前に来た頃だった。

世界を震撼させた事件が起こった。

武建一もニュースに耳を聳てた。

石油をめぐる「砂漠の中の戦争」である。

一九七三年（昭和四十八年）十月六日、第四次中東戦争（Arab-Israeli conflict）が勃発したのだ。

これを受け十月十六日、アラブの石油輸出国機構（OPEC）加盟産油国の内ペルシア（Persian Gulf）湾岸の六ケ国が、原油公示価格を一バレル三・〇一ドルから五・一二ドルへ七十パーセント引き上げることを発表した。

翌日、十月十七日にはアラブ石油輸出国機構（OAPEC）が、原油生産の段階的削減を決定した。

また、アラブ石油輸出国機構諸国は十月二十日以降、イスラエル（State of Israel）がアラブの占領地から撤退するまでイスラエルを支持する国への経済制裁を相ついで決定した。

さらに十二月二十三日には石油輸出国機構加盟のペルシア湾岸の産油国六ケ国が一九七四年（昭和四十九年）一月より原油価格を五・一二ドルから十一・六五ドルに引き上げると決定した。

アラブから発生したオイルショック（Oil shock）は世界を一気に襲ったのだ。

石油価格の上昇は、エネルギー源を中東の石油に依存してきた先進工業国日本の経済を激しく脅かした。

つまり、六〇年代以降にエネルギー革命（石炭、石油、水力、原子力）を迎え、エネルギー源を石油に置き替えていた日本は直撃されたのである。

当時、日本の政治家は悲しいかな中東の政治に深く関わりもっていなかった。

その為、政府は全く打つ手無く、石油緊急対策要綱を閣議決定、「総需要抑制策」が採られた。

しかし、無策の日本の一般消費は一層低迷し、大型公共事業が凍結・縮小された。

結果、一九七四年（昭和四十九年）はマイナス一・二という戦後初めてのマイナス成長を経験した。

具体的には整備新幹線の大幅に延期され、本州四国連絡橋三ルートの着工も延期された。

また、庶民の生活に密着したトイレットペーパーや洗剤など生活完全物資の買い占め騒動。

デパートのエスカレーターやエレベーターの運転中止。

映画館や居酒屋の夜間営業禁止。

そして、重油を莫大に使う石油火力発電所を見直す事が必要となった。

さらに、石油備蓄設備建設を進め、エネルギーの安全保障の観点から、原子力発電所設備を促進した。

つまり、オイルショックはその後の日本のエネルギー政策、石炭から石油、そして原子力へ移行する原点を決めたのである。

それだけではない。

状況に危機感じた武建一率いる関西生コン支部は能動的に動いた。

まず、賃下げを狙う経営者と直接徹底対決していたのである。

生コン業者の言い分を聞いた。

オイルショックの影響は強烈だ。

軒並み生コン業者はアラブのショックを受け、値下げを要求していた。

だが、賃下げを認める訳にはいかないが武建一はその上で業界全体が利益を確保するためには
どのような「政策」があり、業界全体の「底上げ」を図る作戦の必要性を感じた。

それだけでは無く、週休二日制、ミキサー車の洗車時間と入浴時間の自由化、全車にクーラーの取り付けなど多くの制度を認めさせたのだ。

「闘いなくして成果なし」

を証明したのである。

「万博景気」終焉を期に武建一は新たな方策を練っていた。

それが武建一の提言する中小企業まで巻き込んだ階級闘争「産業別労働組合」の在り方だった。

これこそ、武建一が七十年代から取り組んできた「産業政策闘争」である。

この時期、武建一が実現できたのがその中の一つ「集団交渉」であった。

これは春闘に於いて、関西生コン支部が労使関係を有する全企業と集団で賃金交渉をするのである。

つまり、通常の一般的な会社の春闘であれば、企業は企業内組合とだけ交渉するだけだが、武建一の考えた春闘は違った。

労使だけ、当事者だけの交渉だと、結局は企業の論理を前にして、労働組合の主張は埋没し、消されてしまう恐れがある。

しかも、非正規労働者の待遇に関しては置き去りにされる懸念がある。

そこで武建一が考えたのが関係全企業との集団交渉であった。

その集団交渉は業界全体の労働者の待遇の底上げを目的にし、統一要求、統一交渉、統一行動が原則としたのであった。

一九七三年（昭和四十八年）春、初めて団体交渉が行われてた。

出席企業は関西生コン支部と労使関係を持つ生コン業者十四社。

案の定、会社それぞれに「不況」を訴え、賃下げを提案してきていていた。

これが企業内組合の個別だったら対抗できなかった。

でも、武建一は「産業別労働組合」団結しているので一歩も引かなかった。

結果は大勝利。

月額一万八千円の賃上げを認めさせてた。

それに未組織労働者（非正規）の運転手に対して十万円の最低保証制度を設けた。

その後、この団体交渉は生コン業界の恒例行事として定着。

上部団体の異なる他の労組も参加、毎年百社に及ぶ経営者との交渉であった。

因みに、集団交渉の成功により組合員が急増した。

それまで組合員約三百人程度だったが一年後の一九七四年（昭和四十九年）には約七百人にも達していた。

さて、不況下、武建一は休む暇も無いほど、交渉事に追われていた。

その中で、もう一つの戦略を進めていた。

それは、今日の労働運動につながる「背景資本」への闘争戦略である。

武建一が取り組んだ「背景資本」闘争には手本になる争議があった。

それは、六十年代から七十年代にかけて、全国金属労働組合（全金属）が必死に取り組んだ「川岸工業闘争」に大きな影響を受けた。

一九六七年（昭和四十二年）、全国有数の鉄骨、橋梁メーカーの川西工業の仙台工場が、赤字を理由に工場を閉鎖した。

それと共に百八十一人の従業員に対して解雇が通告された。

本社の態度に疑念を抱いた川岸工業労働組合の加盟上部団体全金属に相談。

相談された全金属は疑問を持ち、総力を挙げ、解雇撤回を掲げて、闘いに入った。

だが、意外な結末が待ち構えていた。

実は解雇された従業員全員が川岸工業の子会社の従業員であったのである。

つまり、親会社の川岸工業は子会社の従業員を本社採用の従業員として解雇したのである。

信じられない話だ。

なぜ、雇用関係のない人間を解雇できるのか。

追求すると、親会社の川岸工業は解雇の責任を子会社に押し付け、その上、工場の設備や資材、製品はすべて親会社ものと主張したのである。

呆れた話だ。

全金属は労働債権確保の差し押えが出来なかったのである。

でも、全金属は諦めなかった。

裁判闘争で子会社の法人格を否認させ、親会社に未払いの賃金や退職金の請求を認めさせたのである。

裁判の結果、子会社の問題は親会社に責任あると「使用者概念を拡大」を実現したのである。

「背景資本」は不況下では当然の如くセメントメーカーから生コン業者に「合理化」などに対して厳命が下る。

その例の一つが、

「合理化の名を借りた人減らし」。

でも、反骨の生コン業者は、セメントメーカーの命令を聞かないし、合理化の趣旨に同意しない。

だが、その場合、生コン業者に対してセメントメーカーは勝手にペナルティを申し渡す。

そのペナルティは、生コン業者の「生命線」生セメントを出荷停止である。

もしくは、悪辣なメーカーはセメントの時価相場より、三割増しで生コン業者にセメントを供給する。

情報はすぐさまゼネコンにも流れる。

利益優先のゼネコンは当然の如く、生コン業者に二割、三割のダンピングを要求するのである。

これでは原価割れだ。

それでもやめられない。

つまり、生コン業者は操業を続ければ膨大な赤字を背負ってしまう。

会社は倒産、地獄への道だ。

そんな惨い事をやって、生コン業者の代表は孤立無援、因果応報の世界を彷徨は無くってはならない感情なのだ。

悲劇が起こった。

一人のアウト独立系の生コン業者が鉄道自殺したのだ。

「メーカーの言いなりになっていた。残念で残念で堪らない」

遺書にはこう書かれていた。

メーカーは非情である。

血も涙も無い世の中だ。

生コン業者も労働者を簡単に首切り捨てるが、生コン業者もメーカーから、同様な仕打ちを受けるのだ。

このようなセメント業界の陰湿な体質が問題なのだ。

さて、武建一率いる関西生コン支部はこの間、このような状況下で様々な闘いに勝利してきた。

その実績が業界内でも大きな話題になった。

こんな時に、武建一は立つ。

「不況こそ労働組合に取ってはチャンスだ！」。

では、何故、チャンスなのか。

つまり、会社は、資本が無ければ単なる烏合の衆。

「金の力」は会社の力。

一方、労働者の力は「数と質」。

不況になればどっちが強いか。

明白である。

労働者の方が強いのである。

だが、ここで一つ、悩ましい問題が浮かび上がってくる。

いま、世界的に見て労働組合は産業別労働組合が主流である。

では、何故、日本の労働組合の殆どが企業内組合なのか。

そして、労働組合は不況になれば会社と一緒に沈んでしまうのか。

答えは明白である。

多くの日本の労働組合が企業内組合だからだ。

企業内組合は会社あっての組合。

激しい企業間の争いや不況にも埋没してしまうのだ。

世界的に見ても珍しいが、組合の組織防衛が即ち企業防衛なのだ。

「業績が悪い時には賃上げなどできるわけはない」

「不況だ！人員を整理しなくてはならない」

このような企業の論理に抵抗することは個人では無理である。

企業内組合の場合は不況の時、跪いて「会社を守る」のが多くの日本の労働組合の掟である。

つまり、労働組合は不況下では会社を守るため賃上げを要求しない。

仕方がない、世の中、不況なんだ。

合理化にも賛成だ。

人が解雇され苦しんでもよい。

それが非正規、外国人なら尚更よい。

そんな非人道的は労働環境が罷り通る日本の労働界。

だが、武建一の考え方は違う。

「ひとの痛みは己の痛み」

信念である。

武建一は学ぶ。

そんな活動に関して、八〇年代に入ると、組合運動の主体の関西生コン支部は驚くなかれ、年間一千人ぐらいの組合員が増加していった。

そして、組合は時代に合わせ、開放的であった。

誰でも加盟できる緩やかなオープン組織にしたのだ。

その結果、組合には生コン関係の労働者だけではなく、滋賀県の敦賀原子力発電所工事の下請労働者、観光バス、タクシー、トラック業界の労働者が加入、労働運動の大きなうねりとなり、存在をアピールし出していった。

そんな動きに共鳴するように武建一が主導する「関生」型運動が名古屋、静岡、東京各地に広がっていった。

だが、〃好事魔多し〃の諺ではないが、正しい運動を展開する者に対して異論を唱える集団が武建一の行く手を塞いでいだのだ。

一つはそれまで一緒に闘ってきた上部団体「運輸一般」と決別だった。

運動方針の違いからからである。

原因は武建一の「関生」と共にエールを送っていた「運輸一般」が突然「関生」批判を始めたことだ。

それは相次ぐ弾圧、争議に対して「運輸一般」と近い政治団体日本共産党に配慮した結果であった。

「運輸一般」はこのまま武建一の闘いがエスカレートすると党のイメージダウンにつながると思い込んだのである。

今まで信頼して共に闘って来た「運輸一般」の裏切りは武建一に取っては、

「背中からピストルで撃たれた！」

感じであったという。

この大混乱は「関生」に組織的に大打撃を与えた。

特に日本共産党から組織分裂を強いられ、急増していた組合員は約三千人から半減してしまったのだ。

でも、そんなことで死ぬ訳には行かない。

武建一は不死鳥の如く、奇跡的に蘇った。

一九八四年（昭和五十九年）、「関生支部」は総評系の「全日本建設労働組合」として再スタートした。

正式には「全日本建運輸連帯労働組合関西地区生コン支部」である。

## Session 11　ユニオンの骨

武建一は切ないぐらい必死なのだ。

当たり前の労働者として、人間として、生きて行きたい。

そして、生コン業界で生きていることに誇りを持ちたい。

それは武建一が若い時から理想として描いた労働組合の形ち「産業別労働組合」である。

日本の労働組合には、その構成単位が同一企業内の労働者で組織される「企業別労働組合」(Company union) と、企業を超え、同じ業種の労働組合が集まって組織される「産業別労働組合」(Industrial union) がある。

当然、企業内だけの労働組合であれば雇用関係にない企業を押し掛け、ストライキなどの抗議活動を「妨害」と取られての仕方がないが「産業別労働組合」の場合、組合員の在籍の有無に限らず、業界全体の労働条件改善を求めて闘うことができるのだ。

独立行政法人中小企業基盤整備機構の調べによれば中小企業（Small and Medium Enterprises）が日本の全企業の中に占めるの割合はなんと九九・七パーセットに該当する。

日本全国には三百五十八万九千三百三十三社もの企業があり、その内、三百五十七万八千百七十三六社社の中小企業が存在。

中小企業の従業員の数は三千二百二十万一千三十二人に登り、これは全体労働者の六十八・八パーセントに当たる。

このように中小企業は日本の企業とその従業員は日本の経済・雇用を支えている存在なのだ。

そんな中で、中小企業の利益をもたらす事は、日本の消費構造の健全化を意味している。

中小企業で働く労働者の賃金が上がることは経済全体の循環を良くする。

この様な事に反対する大企業、あるいは現在人口の五パーセントだと言われている富裕層だけに「権利や富」が集中するのは、働く者が明日に希望を持てないから無意味だ。

もし、可能なら労働者階級がすべて集まれる場所を作り、そこで日本が産み出す「富を分配」し、「革命前夜」的なイベントを行うことを企画し、実行。

それは労働組合が「社会的存在」であることを認めさせる事だ。

つまり、国家権力や独占資本が最も恐れていることは「社会的存在」として認められている武建一率いる労働組合が、主導し、全国の企業の九割以上を占める中小企業を巻き込み、「弱者連合」

撮影　亀村佳宏

としての「産業別労働組合」を設立させることだ。

そして、「弱者連合」は足並みを揃え、満を持してゼネストを打つことだ。

「国家権力」はそれが怖いのだ。

だから、国家権力や独占資本は労働組合を「社会的存在」と認めず、暴力で排除し、忌み嫌い、弾圧を実行するのである。

それは八〇年代の不当弾圧も今回の弾圧も国家権力が操る「ある文脈」によって強引に推し進められいるのである。

「ある文脈」とは、在阪のマスコミを使って武建一が「労働界の偶像」になることを阻止、悪名高き「生コン界のドン」にしたいのだ。

「ドン」の称号は使い易いのか、好んでいるのが、特にマスコミ関係者だ。

例えば「ドン」は新聞の紙面を飾る文字としてはピカイチ。

でも、「ドン」なる飾り言葉を好む新聞の読者やテレビの視聴者にマフィア的なイメージを与えかねないかと危惧する向きもあるが、これは、

「健全をよしとする」

集団に仕掛けられた罠の一つだ。

一般常識なら「ドン」呼ばれると

「冷酷無比！」

「暴力支配！」

「カネ塗れ！」

などとイメージされ、ダメージ感が強い。

在阪のマスコミは逮捕されると
「待ってました！」

ばかり、すぐ、何日前に準備された臭いが強い
「生コン界のドン逮捕！」

の見出しが躍る。

躍るのは見出しだけ。

実際、なんの容疑で逮捕されたのか、解説など深いことは不明。

推理可能にして、「謎の記事」として読者を引っ張る手法だ。

とにかく、

「御上の意向」

「ある文脈」

である。

つまり、

「生コン界にドン」

武建一を逮捕して監獄に閉じ込め、身動き出来ないようにすれば、自暴自棄になるか可能性にあると踏んでいる。

ところがである。

どのメディアにも「ドン」などの文字が刺激的に使われ、踊り、興味をそそるが、実際は武建一の実像を追及したものは皆無に近い。

「気に入らない企業を攻撃した！」。

「業界を暴力で支配した！」。

などと新聞記事に書かれているが、実際にどんなテクニックを用いて誰を取材をし、どんな結論を得て、誰を脅したのか一切不明、具体的に書いたマスコミは無い。

それどころか、武建一や関生支部に直接取材に来た記者もいない。

記者は警察発表を垂れ流しにするのを仕事だとしている。

つまり、マスコミは受け手に対して心地良い情報を発信する機能だけなのだ。

だが、武建一は思う。

マスコミが言うように本当に武建一が「生コン界のドン」ならば、これほどまでに生コン業者やセメントメーカーなどと闘いするはずもない。

それに生コン支部がもっと高い組織率を誇っていても不思議ではない。

また、「ドン」と言われるほど実力があったら、何度も逮捕されないだろうと思える。

武建一が「ドン」と称されるには一つの理由がある。

その理由はキャリアだ。

武建一が生コン業界に入ってから約六〇年。

現在、業界でこれだけ生コンに対する知識と見識を持つ者は皆無に近い。

日本中、いや世界中の経営者にも、生コン労働組合にも、協同組合にも、労働組合にもセメントメーカーにも、大手ゼネコンにも居ない。

言ってみれば武建一は「生コン界の生き字引」なのだ。

そんな「生き字引」的存在の武建一に「悪の汚名」を着せたいのである。

だが、そんな簡単な話ではない。

世の中、豊かにするのには様々な意見、主張が交差しても構わないのだ。

従って、武建一に一言、話させるコーナーを作り、「国家の在り方」などの討論会を行っても良いと考える。

さて、メディアは武建一が業界に強い影響力を持っていると感じている。

「生コン界のドン。逮捕!」

大阪「浪速の赤新聞」的な記事が出れば、それは否定できない。

一寸にして生コン業界は活気ずく。

何故なら、生コン価格は武建一の体に握られているからだ。

例えば逮捕されると必ずセメントの価格は上がるし、一方で生コン価格は下がり、賃金も下がる。

現実的に困るのは中小企業の生コン業者や労働者たちである。

「生コン界のドン」武建一はこう語る。

「労働者は嘗められてはいけない」。

「企業に恐れられる労働組合でなければいけないのだ」。

「経営者に恐れられる労働組合を目指さなければならない」。

当然の事である。

いま、日本の経営者に恐れられる労働組合が殆ど、無いに等しい。

いまの労働者は自分の加盟している労働組合に関して、興味がまったくない。

週休二日制も、八時間労働も、残業代の割り増しも、男女に雇用格差解消も、いまは当然と思っているが、総て一から積み上げた労働運動の成果である。

各分野の活動家が必死で勝ち取って来たものだ。

関生コンも然りである。

正月三ヶ日以外の休みが欲しい。

雨が降って仕事が無くなっても賃金を払って欲しい。

トイレにトイレットペーパーを置いて欲しい。

せめて仮眠時間をもう少し欲しい。

そんな切実は要求も、すべて闘いを通して勝ち取って、得たものだ。

生コン業界にもし、労働運動が無かったらどうなっていたか。

労働者の待遇は劣悪なまま、疑う余地はない。

「拝金主義」に毒され、弱肉強食の論理に巻き込まれた業界は、倒産、工場閉鎖、自殺が相次いでいた。

セメントの業界の「谷間」は更に深くなり、現在の順位はそのまま、生コン業界は建設業界の最下層に位置付けられていたままだ。

だから、武建一は時を忘れたように闘って来た。

一九八〇年（昭和五〇年）、生コン関西支部、全港湾、そして現在は関生攻撃の先頭に立っている生コン産業労働組の三組合は共同で大阪兵庫生コン工業組合との間で休日・休暇の関する協定を結んだ。

これは関西圏における生コン労働者の年間休日を百四日間とし、夏季休暇は八月十四日から二十日までとするとの協定だ。

この協定は業界の底上げにも結び付く画期的なものだ。

休日の確保と夏季休暇の統一は生コン労働者にとっては悲願であった。

雇用を守るため、生きるため、業界全体が生き残るためである。

ある建築関係者は関生の闘いは荒っぽく、乱暴で、過激だ、と非難する。

でも、そんな「甘ちゃん」ではいられないのが現場なのだ。

例えば、ジャック・ナイフを方手にしたヤクザ者に、

「許してください」

と手を合わせて、懇願すれば良かったのか。

突然、拉致され、監禁され殴られても、笑っていれば良いのか。

闘った仲間が殺されても大人しく対処すれば良かったのか。

首切りや工場閉鎖、一方的な賃下げ、それでも笑顔で対処すれば良かったのか。

上品に振る舞い、膝を屈して、素直に意見を聞けば、業界は健全の方向に向かうのか。

しかし、

「組合のない美しい日本」

いま日本は誰が考えたのか気が知れないがこのキャッチフレーズでどんどん組合員を減らしている。

そういう状況の中で、あの『棘』という映画は懐かしいなと言う自分のポジショニングも考えだしたという人が結構多かった。

それはそれとして、武建一が十九歳で大阪に出てきた時、大阪の生コン労働者というのは、まさに奴隷的な状態だった。

徳之島では休みは無かった。

正月三ヶ日ぐらいであった。

農民は仕事でした。

でも、夜になってもお店は開いている。

ですから夜遅くまで仕事するのが徳之島での農民の普通の仕事であった。

確かに関西生コンの労働条件、賃金は他の産業と比較してダントツである。

恐らく大企業で働いている労働者でも関西生コンのレベルまで到達している人は少ない。

年間所得が八百万円を超している。

休日数は年間百二十五日。

それに年次有給休暇があるので、年間は百五十日くらい休みがある。

時間給でいえば結構高い賃金になっている。

武建一は言う。

「確かに良いんですが、逆に他の所は、殆ど労働組合として頑張っていないから低い。賃金はトータル的なものですからね。関西生コンの条件が良いというのは闘った結果として労働条件が良い。他のところは闘っていないから低いんですね。相対的に見ると関西生コンは高い。よく、自ら闘っていないから低いのに関西生コンは特別だ」

「関西生コンだから、ああ言う事がやれるんだ」

逆に言えば、

「突出しているから弾圧を受ける」

と見る人たちもいる。

ですから自己反省がない。

自分たちが体たらくで頑張らない結果低くなっている事に気が付かない。

逆に「自己反省と自己満足」。

低いのに甘んじてしまう。

そういう事態が、今、労働界で起きている。

問題意識を持っている人たちの中では、

「やはり関西生コン的運動でなければ、まともな労働組合、労働者の救済、労働者の人権や生活を守れない」

という人たちが、実は、組織労働者のなかでは少数だ。

多数は御用組合。

そのレベルから見ると、

「関生は突出してる。だから弾圧される」

こう映るんです。

今回、八十九人逮捕された。

本来なら二十三日で警察から出さなければならないのに、全員それ以上拘束されている。

また、武建一は京都でも恐喝で逮捕されているが、これなどは何年も前の話を蒸し返している。

これは相手方と交渉して、労使が合意して協定書を成立、協同組合の理事会で議論し、全員一致で承認され、勿論、我々も承認されて協定した。

それなのに「警察国家」は過去を穿り返し、武建一を長期拘留するのだ。

武建一は語る。

「私が労働組合に参加したのが、前のオリンピックの時代、六十年安保闘争が事実上妥結した段階で、労働運動は、まだ元気だった。一九七四年の年金スト以降、労働運動は、名前だけで、労働者の利益を実現するというような組合でなくて、会社の御用組合みたいになってしまったんですね。ですから、たぶん六十年安保闘争を闘った人、あるいは七十年代前半まで労働組合に関与していた人たち、まだ学生運動も盛んな時代でしたからね、そういう人たちに取ってドキュメンタリー映画「棘」は非常に懐かしい思いをもって見るんでしょうね」。

だが、武建一はいつの時代でも、次の時代を見据えて行っていることがある。

プライベートは研究会だ。

「産業別労働組合」の論理の「骨」は研究会にある。

武建一曰く。

「大学の先生と私と出版社の方と、一緒に業種別職種別研究会をスタートしましてね。それがずっと広がりつつ、今でも継続してるんですけどね」。

この運動が関生型の労働運動の全国化を図ろうという、それがまともな日本の労働運動の再生につながるということで、やっている。」

「それをやったときに弾圧を受けましてね、ですから今回の弾圧も、関生型を学者や文化人の方々と一緒になって広げようということになってたんですが、今回の弾圧」。

「前回の八十年の時も同様な形で研究会が出来て、広がりつつある時に弾圧されましてね。前回の弾圧を、盛り返すのに十年間かかりました」。

その間、今までの約束事を全部保護にしてしまう。要するに、労使の取り決めを白紙、ゼロ。いや、ゼロどころか労働条件を解約してしまうとかね。すごく苦しい思いをしたのが八十二年から八十三年頃までの攻撃がちょうど十年間、九十四年まで続いたんですけどね。で、その十年間の苦しい闘いを経て、九十四年にもう一遍、業界のなかにおける影響力を拡大して運動を構築して今日まで来ているんですけど、そういう歴史を眺めてみますとね、権力というのは、関生型という産業別的な労働運動ね、こういうことが労働者の要求を実現する上においても、弱い立場の中小企業の経営を安定させていく上でも、この関生型運動というのは成果を得られる。そういう組織形態であるし、運動であると。それを嫌うんですね」。

「ですから、相手側はそれを専門に研究し、いつの時期に弾圧した有効かというのを割り出している。

武建一は自分の人生を振り返り、こう独白する。

「一九六三年、勝又さん自身がまともな労働組合を作ろうと、組合長に立候補した。いきなり会社側は暴力団を職場に入れ、

「新労か旧労かどっちゃ!」

とジャック・ナイフをチラつかせて、脅して、そして結果的に勝又さんを解雇してしまった」。

「一九六五年、関西地区生コン支部が出来たとき、学校に行きながら初代委員長になった」。

「一九六六年、わずか一年の時に解雇された」。

それ以来、半世紀以上に渡り、武建一は労働者の権利獲得のため闘い続けている。

「金儲けを優先させるようなやり方は絶対に認めることはできない。」

「このような仲間を総結集して職場で闘うストライキを中心とした大衆行動。この力によって、倒す以外ありません」。

「京都が酷かったのは警察が被疑者扱いするだけでなく、税務署から全部の権力を総動員して徹底的にやると脅かされたり。それまで労働組合と協力連帯して業界が安定したのに、罪じゃない人を陥れるどころか百八十度変えてしまったんですね。それは冤罪どころか、もっと進んで誣告罪じゃないかと。被害者面をして、やった側とそれをリードした警察、検事、それを認定した裁判所、すべて事件は作り上げられてしまった」。

武建一に研究会のメンバーの一人、労働学者の木下武男はこう話す。

「三井三池闘争で民間大企業の労働運動が幕を閉じ、一九九五年のスト権ストの敗北で官公労が守勢に立たされて国鉄分割民営化で息の根を止められそうになった。この労働運動というのは民間大企業と官公労の二つだった。中小、零細企業の組合はなかった。すると両方潰す訳です。残るのは中小企業だが、そこに関西生コンのような典型がでてくると、中小零細企業で息を吹き返すかもしれない。それを根絶やししたいと。つまり、官邸というのは経済産業省と公安、電通が仕切っているから、だいたいそこいらが考えそうなことじゃない。経済産業省の中ではセメントはツーツーだから、官邸と公安上がりの奴が仕切っているから、今回の弾圧はそこらへんが発想かもしれない」。

「九十年代、当時の日経連の大槻文平が関西生コンの運動は資本主義の根幹に触れるということで、この段階で丸ごと権利と資本が一体となって攻撃していた。当時、組合員は約五百人だったが、それがあの弾圧で成果が上がって、一気に組合員は約三千人まで増えました。その時にはバス、トラック、敦賀原発の下請労働者、新幹線の下請労働者まで入りました、それを恐れたんですね。だから、大槻文平は「資本主義の根幹に触れる」と言ったわけですね。」

「今回で3回目。ひどい弾圧を受け、残念ながら我々の仲間は二人が殺されました。それぞれ独占資本の会社が雇ったヤクザに殺された」。

「私もヤクザに拉致監禁され二メーター掘った六甲山の山の穴に埋められるところでした」。

「強い団体。信念のある人たちの寄り集まりならブレることはない。基本的に人間は弱い、状況に応じて、風を読むことをしないと生きていけない。人間の弱さ、組織の弱さから約束を破るのは生きるため、組織を伸ばすためにやむえない。」

「私には希望がある」。

「人間は弱い。だから道を歩き出す。人間として持っている潜在的な力、希望を見出しているんだ。残念ながら日本の大手の労働組合は御用組合化されてしまいまして、「闘う」という言葉自体も使わなくなった」。

「私は「歌を忘れたカナリア」と言う。

「社会を健全化するための抵抗姿勢が労働組合なのに、力をそぎ落とされ、力が弱まっている」。

「基地の問題なり、原発の問題なり、社会問題も闘いはそれぞれ発展するのだが。昔は労働組合が主導的にやっていた、今は労働組合は為体していますから。市民運動という方で発展するわけです。労働組合はあまりひどい政治のやり方について、職場で反撃のストライキをやる。街頭に出てでもストレーション、大衆行動をするとそのような事を盛んにやるべきですね」。

さて、今回の事件は今、刑事裁判は何処まで進展しているのか、データから洗ってみる。

なにせ、武建一委員長始め関係者八十一名が逮捕されて居るのである。

■大阪一次事件判決（二〇二一年三月十五日　大阪地裁）

ストライキによる組合活動が威力業務妨害とされた。

副委員長　懲役二年、執行猶予四年、求刑懲役二年

執行委員　懲役一年八カ月、執行猶予三年　求刑懲役二年

執行委員　懲役一年八カ月、執行猶予三年　求刑懲役二年
争対部員　懲役一年八カ月、執行猶予四年　求刑懲役二年
争対部員　懲役一年八カ月、執行猶予四年　求刑懲役二年
執行委員　懲役一年六カ月、執行猶予三年　求刑懲役一年六カ月
争対部員　懲役一年六カ月、執行猶予三年　求刑懲役一年六カ月

■関西生コン関連
執行委員長　懲役八年
労働基本権が懲役8年の求刑で全く破壊されている現実。
如何にするか。
このまま見過ごすのか？
いや、闘いの始まりだ！

# Session 12　皆のためにももう一度立たんかね！

「棘男」武建一が絶えず、頭の下がる思いでいる作家がいる。

その男は特高に虐殺されたのである。

その男とは『蟹工船』などで知られるプロレタリア作家小林多喜二である。

虐殺された小林多喜二の遺体は翌朝、家族の手に引き渡された。

変わり果てた我が子を引き取った母親の小林セキは、枕頭に泣き崩れ、

「それ！もう一度立たんかかね」。

「皆のためにももう一度立たんかね！」。

抱きしめながら号泣したという。

小林多喜二享年二十九であった。

一九三三年（昭和八年）二月二十日の事である。

撮影　亀村佳宏

日本共産党に潜入していた特高警察のスパイに誘き出された。

危険を察知した小林多喜二は逃げたが、特高警察の刑事に東京・溜池の電車通りで格闘の末、逮捕され築地署に連行された。

小林多喜二は否認したが、特高警察の調べはきつく、寒中にあるにも係わらず丸裸にして地べたに放り出し、握りの太いステッキで打ち据えたのである。

小林多喜二は間もなく、意識を失い息絶えた。

警察当局は「心臓麻痺」と発表したが、翌日遺族に返された遺体は全身が拷問によって異様に腫れあがっていた。

特に下半身は内出血により、どす黒くはれ上がっていたという。

しかし、どこの病院も特高警察との関わり合いを恐れ、解剖を拒否した。

この時の警視庁特高部長が安倍源基である。

安倍源基は一八九四年（明治二十七年）、長州藩の下級武士の家に生まれ、東京帝国大学法学部を卒業、内務省に入り、初代高等警察部長（特高警察）となり、日本共産党幹部が関与した日本で始めての銀行強盗「赤色ギャング事件」や非合法共産党の代表者会議が静岡県熱海の旅館で開催されようとした現場を急襲、大量に逮捕した「熱海事件」などを通じて手柄を立てた辣腕の安倍源基は「赤狩りの安倍」と恐れられたのである。

その後、安倍源基は太平洋戦争末期、鈴木貫太郎内閣では内務大臣に就任している。

戦後、安倍源基は東京裁判の「平和に関する罪」Ａ級戦犯の容疑者としてＧＨＱに逮捕され、巣鴨プリズンに収監されていた。

一九四八年（昭和二十三年）十二月二十四日、戦争犯罪人東條英機ら七名が処刑された。

その翌日、安倍源基は東京池袋の巣鴨プリズンから不起訴処分で、釈放された。

同じ日に無罪放免、釈放されたのが「昭和の妖怪」と呼ばれ、六十年安保闘争の責任者であり、元総理大臣安倍晋三の母方の祖父岸信介である。

「特高の鬼」安倍源基は戦後、公職追放にあっていたが、全国の警察官の友好団体全国警友会連合会などを参加、治安関係の重鎮として存在を示していた。

因みに安倍源基は長命であった。

小林多喜二が虐殺されたのが二十九歳であったが、「特高の鬼」安倍源基は一九八九年（平成元年）、この世を去った。享年九十五であった。

前に触れたが安倍源基を始め、長州（山口県）出身の政治家官僚は多い。

歴代の首相経験者は安倍晋三を入れ、なんと九名。

信じられない数だ。

「あの男武建一の行動は日本の資本主義の根幹に触れる」

それに、

「何があっても箱根の山を越させるな！」

経済関係者や警察治安関係者に厳命した経済人がいた。

その経済人は日本の石炭と石油のエネルギー転換期に活躍し、「財界の影の総理」「人斬り文平」の異名を持つ、大槻文平である。

大槻文平は日経連会長、日本セメント協会の会長、そして三菱セメント（現三菱マテリアル）会長であった「天下の大財閥三菱」と手を組んだ大槻文平の厳命「箱根の山は越させるな！」は月日が経った今でも政治の中心を握る「長州閥」が日本の経済界並びに治安維持の重要案件として、その言は生き続けている。

「棘男」武建一の生まれ故郷徳之島な初めて小作人組合を組織した男がいる。

平利文は地元徳之島から京都帝国大学に入学した秀才であった。

明治の悪法「治安維持法」を最初に適用させた事件は「京都学連事件」であったが平利文も連座したのである。

一九二五年（大正十四年）十一月十五日の事である。

同志社大学構内の掲示板に「軍事教育反対」のビラが貼られているのが見つかった。

京都府警察部特高課はこれを好機とみて、京都帝国大学、同志社大学などの研究会員の自宅や下宿を急襲、家宅捜査並びに学生三十三名を逮捕した。

それを知った大学当局は京都府に抗議、京都府知事が陳謝し、逮捕された学生全員が釈放されたのだ。

この時に徳之島の平利文も釈放され、郷里徳之島に帰った。

まだ、大学の自治が健全であった時代である。

だが、激怒した内務官僚は、そんなことで尻尾を撒くような「玉」ではない。

内務官僚特高は学生たちの動きに神経を尖らせていた。

質実剛健の明治時代と違い甘く切なく、ちょっと堕落し、デカダンでセクシャルな甘美で切ない大正時代。

そんな中、ロマンチックなロシア革命（Russian Revolution）に憧れ、若者たちのファッションの一部として砂漠に沁み込むようにマルクス・レーニン主義が盛んに論じられていた。

中でも新しもの好きの京都では各大学や高校、専門学校までに社会科学研究会（社研）が組織され一九二四年（大正十三年）九月十五日には、四十九校の研究会が参加する社会科学連合会が設立され、瞬く間に参加者は千六百人の大組織となったのだ。

研究会の学生たちはマルクス・レーニン主義を普及、研究するだけではなく、労働争議や労働者教育の支援を積極的に行いだしたのである。

内務官僚特高はそんな学生たちに動きに対して指を咥えて待つ連中ではない。内務官僚を中心に本格的な検挙体制を立て、翌年の一月十五日、新聞報道を差し止めた上で、各都道府県の特高警察を動員して検挙に走った。

報道管制が引かれた暗黒の大捜査作戦は四か月に渡り、日本全国津々浦々で行われた。勿論、南の果て徳之島にも手が及んだのである。

同時に社会科学研究会に関係があるとみなされ大学の教授や教員まで捜査の手は伸びていた。世界的なマルクス経済学者で『資本論』の翻訳や『貧乏物語』などで知られ、平利文の師匠たる河上肇なども検挙されたのである。

河上肇はその後、京都大学を辞し、当時、非合法政党であった日本共産党に入党、活動を開始したのである。

さて、逮捕された学生の内、三十八名が治安維持法違反及び出版法違反、不敬罪により起訴された。

一九二七年（昭和二年）五月、京都地裁は出版法違反、及び不敬罪は特赦となった。

しかし、本命の「治安維持法」に関しては禁固一年を筆頭に三十七名が有罪となった。

公判はその後、紆余曲折の経過をたどり、一九二九年（昭和四年）十二月、大阪控訴院判決では十八名に対して懲役七年以下とした。

そして一九三〇年（昭和五年）、大審院による上告棄却で有罪が確定、厳しい量刑となった。

「治安維持法」。

この法律を最も活用したのが内務官僚特高警察であった。

その中でも、「治安維持法」を私物化し、最も有効に使ったのが、「特高の鬼」と呼ばれた「長州閥」安倍源基である。

内務官僚の安倍源基は戦争への異議を持つ国民を徹底弾圧し、大東亜共栄圏、八紘一宇、五族共和、皇国天皇専制政治を行うことを信条にしていた。

実際、「治安維持法」によって逮捕された人数は「治安維持法犠牲者国家賠償要求同盟」の調べでは延べ六百八十人にものぼるとされている。

その内、何人が正式な裁判を受けたのか、闇の中である。

だが、「治安維持法」で死刑に判決を受けたものはいない。

しかし、裁判の前に拷問で虐殺されたものが十数人いる。

それも安倍源基が警視庁特高部長時代である。

また、世界的なマルクス学者河上肇の弟子で「京都学連事件」に連座して禁固十ヵ月の判決を受けた岩田義道もその一人である。

岩田義道は非合法時代の日本共産党の党中央委員長、宣伝煽動部長。活版時代の日本共産党の機関紙『赤旗』の産みの親的な存在であった。

そんな岩田義道は一九三二年（昭和七年）十月三十日、特高警察に逮捕され、その四日後に拷問により死亡。

虐殺である。

享年三十四であった。

日本共産党議長の野坂参三。

その後輩にあたり、慶応義塾大学の卒論の『日本資本主義発達史』が認められ、非合法時代の日本共産党の理論的な指導者であった野呂栄太郎。

野呂栄太郎は一九三四年（昭和九年）二月十九日特高警察に検索され警察での拷問の果て、病状が悪化し、病院に移されたが絶命。

これも虐殺である。

享年三十四であった。

それに、特高警察に虐殺された最も悲惨だったのは北海の厳しい環境の中で過酷な労働を強いられている労働者の群像を描いた『蟹工船』を発表、一躍プロレタリア文学の旗手となり、『北緯五十度以北』の題にて帝国劇場で公演され、大喝采を浴びていた小説家の小林多喜二であった。

小林多喜二は一九〇三年（明治三十六年）、秋田の寒村に生まれたが、裕福な叔父の世話で、北海道の小樽で少年時代を過した。

『蟹工船』でベストセラー作家になった小林多喜二は次ぎ次と作品を発表し出した。

その代表的な作品が初の国政選挙を描いた『一九二八年三月十五日』である。

題材は「治安維持法」を建前に牙を剥いた権力者の姿であった。

つまり、一九二五年（大正十四年）、大正デモクラシーの華やかで自由な風潮が浸透、数々の思想運動も起こっている中で、日本の政治史上初めての「普通選挙」（二十五歳以上の男子に選挙権）が実施された。

権力者の予想に反して選挙の結果は無産階級の議席が増え、与党の立憲政友会は二百十八議席、野党第一党の立憲民政党は二百十六席。

与野党とも過半数割れだ。

残る三十二議席がキャスティング・ボードを握った。

その中の八議席を無産階級諸派から立候補した議員が握った。

労働農民党、日本労農党、社会民主党、日本農民党。

各党は各々個別の党の名を名乗っているが、元は無産者階級。

つまり、当時、日本共産党は非合法政党だったからである。

従って、支持者は隠れ共産党員だったのである。

だが、時の政府は無産階級政党を合法化してしまったのである。

つまり、無産階級を権力側に取り込み「飴と鞭」、の「飴」を与え分断かを図ったのである。

そして、「鞭」が権力に逆らう日本共産党員に下されたのである。

それは一九二八年（昭和三年）三月十五日、「治安維持法」違反容疑で日本共産党員や支持者千六百人が検挙され、さらに翌年の四月十六日、千人が検挙され、日本共産党は壊滅状態に陥った。

非合法時代の日本共産党大弾圧「三・一五」「四・一六」事件である。

「京都学連事件」「三・一五」「四・一六」事件を担当した内務官僚特高警察はロシア革命思想の拡大を恐れ、要注意人物として小林多喜二を徹底的に監視した。

しかし、小林多喜二は自らに降りかかるそんな危険な状況を知りながら次々と問題作を発表しだしたのである。

だが、状況は厳しく、それまで勤めていた北海道拓殖銀行を解雇され、上京、後に日本共産党の議長となった宮本賢治やその夫人の宮本百合子などが加盟していた日本プロレタリア作家同盟の書記長となった。

小林多喜二は作家活動の傍ら、日本共産党への支援活動を続けていた。

特高警察の目は身辺に迫り、些細な資金援助の嫌疑で大阪にて逮捕された。

だが、小林多喜二は一旦釈放された。

しかし、数日後、「治安維持法」で逮捕、起訴され、東京奥多摩刑務所に収監された。

一九三一年（昭和六年）一月二十二日、出獄、神奈川の温泉に篭もると共に、当時、非合法だった日本共産党に入党し、地下生活に入った。

その時の、自らの地下生活の体験を書く。

『党生活者』である
そんな小林多喜二の最期は先に述べたが陰惨であった。

日本が悲劇的な戦争の道に突入したのは、自由意志の表現と政治運動の発展が抑制させられていたことによるものだが、戦争が始まってからというものは、その弾圧がさらに強化され、国民の自由などは皆無に等しかった。

「昭和」という時代の幕開けは、戦争の足音と治安当局側の取り締まりの強化により、民主主義が全面的破壊へと進むことに特徴付けられている。

戦争推進勢力は徹底した統制、弾圧強化策で臨んでくるのだが、その武器となったのが「治安維持法」であった。

一九二八年（昭和三年）に緊急勅令をもって改悪した同法を一九四一年（昭和十六年）のにさらに改悪し、非転向者を引き続き拘禁する予防拘禁規定を加えた。

また、国防保安法を制定して御前会議や閣議など国務に関する重要事項を「国家機密」と名付け、秘密の探知や発表などを厳罰に処した。

さらに、言論出版集会結社等臨時取締法を制定し、政治結社、政治集会、新聞雑誌発行などの届け出制を許可制に改めた。

このほか、一九四三年（昭和十八年）には国政騒乱罪の規定を追加し、改正治安維持法、国防保安法、戦時刑事特別法の規定を設けるなど、国家や社会の根幹に触れる重要な問題について真実を知り、意見を交換する自由を完全に閉ざしてしまったのである。

こうした「思想取り締まり」に目を光らせたのが特高だった。

特高は中央、地方を問わず「反戦的」と見なす人物を容赦なく摘発し、鉄格子と金網の中に閉じ込め、思想や表現の自由を圧迫した。

権力と異なる思想を持っているだけで

「国体ヲ変革スルコトヲ目的トシテイル」

弾圧される時代だったのである。

特高が裁判官や弁護士までを相次いで逮捕した「赤化判事事件」や「労農弁護士団事件」が起こった一九三三年（昭和八年）八月、徳之島出身の平利文は京都帝国大学時代の友人、清水省三（元日本共産党中央統制監査委員、一九六四年死去）らと連携をとりながら日本労働組合全国協議会の将来の運動方針を研究するなど積極的な発言と活動を続けていた。

また、当時の金額で百十九円という高額な資金援助も行っていた。

そんな自由主義を唱える平利文らの活動を「反戦的」ととらえた特高は、治安維持法違反で清水省三を一九四二年（昭和十七年）十一月に北九州で逮捕、清水の供述により、翌年四月には平利文を東京、杉並で逮捕した。

「清水らとともにしばしば会合し、左翼意識の相互啓蒙をなすなどの活動を展開させるものなり」というのがその理由だつた。

平利文の社会運動に強い影響を与えたのは京都帝国大学時代の恩師、河上肇教授といわれている。

山口県錦見村（現在の岩国市）の下級士族に生まれた河上肇教授は経済学史や経済原論を担当する完全なマルクス主義者だった。

一九二八年（昭和三年）に大学を辞職したあと日本共産党に入党したが逮捕、入獄。

共産主義を生涯棄てなかったが、同時に宗教的求道者としての道を歩んだ異色の経済学者だったといわれており、平利文はそんな河上肇教授の「無我主義」に心をひかれたとみられている。

言論や表現の統制強化直接の動機が、戦争遂行のために権力は一切の権力批判を封殺しようとしていたことは言うまでもない。

敗戦前年の一九四四年（昭和十九年）三月四日、平利文は福岡地裁に不当起訴されるのだが、あくまで解放の信念を持して屈伏を拒み続けたが、終戦を待たず、福岡刑務所で獄死した。

諸行無常。

平利文の墓は徳之島伊仙町の小高い岡の上に西日を浴び、太平洋に向かって輝いている。

徳之島出身の平利文の反骨の精神は徳之島を取り巻く、大自然の中、黒潮あらう海の中に
「時代を切り開く男」

武建一の心血の流れの中にある。

「それ！　もう一度立たんかかね。皆のためにももう一度立たんかね！」

特高に虐殺された息子の遺体を抱きしめた小林多喜二の母の慟哭だ。

この慟哭は何故か総ての人民の嘆きのように聞こえる。

「人民の正義が必ず勝利する」

# Epilogue　共鳴共振、奇遇な出会い

「棘男」武建一と私たちは「遭遇した時」から、知らず知らずの内に固い気で結ばれていた。共振共鳴である。

つまり、私たちは武建一に遭遇したことによって生きる力を得た。

それは誰にも負けない強烈な生命力だ。

それまでの私は長年、一刻を争う、ジャーナリズムの世界で緊迫する世界的なニュースを追っかけていた。

だが、生活環境は健康とは縁が無かった。

ハードで荒れた生活や暴飲暴食が祟った。

その結果、身体、特に腎臓に大きなダメージを受け、暫く病院のベッド暮らしを余儀なくされていた。

この時「ある男」、つまり「棘男」武建一の講演があることを知った。

誘われるまま出かけた。

でも、「棘男」存在とその語り口と話す内容に感動した。

「棘男」は講演後、すぐさま大阪に帰った。

その三日後である。

突然、仕組まれた事件によって「警察国家」によって逮捕されたのである。

何故だ！

「あんな正しく、熱い男が！」

驚愕した私は、悶悶とした。

たが、若い頃のようには心や身体が気の向くままに敏捷に動かない。

唯々、その男の生きた複雑な「時代の正体」を知りたかった。

隙を見て、看護師に文句を言われながら病院に内緒に持ち込んだパソコンを叩いた。

でも、帰ってくる答えは、「生コン界のドン」「暴力制覇！」などあまり、芳しいものではなかった。

或る日、私と打ち合わせに来たドキュメンタリー映画「棘」～ひとの痛みは己の痛み～の映画監督の杉浦弘子からある提案があった。

「武さんの生まれ故郷の奄美群島の徳之島に行きたい。徳之島に武さんの生き様の原点の欠片があるかもしれない。島に行って見たい」。

撮影　亀村佳宏

その提案を聞いた瞬間、すぐさま太平洋と東シナ海の間に浮かぶ徳之島行きに賛同、監督に無理やり同行した。

それまでの病院の生活は区切りが無く、そして長く、無味乾燥だった。

そんな私を病院のベッドから引き離す、パワーとなったのが、武建一であり、その生まれ故郷、奄美群島の徳之島だったのだ。

病弱ながらエンジンが掛かかり始めた私は武建一の個人的プロフィールや組織する労働組合、通称「カンナマ」、それに武建一の「生きた時代」に関する資料を読み漁り始めた。

その結果、杉浦弘子監督の『棘』～ひとの痛みは己の痛み～を完成、全国での上映会開催までに漕ぎつけた。

それに私の本業である物書き稼業を同時進行させ、武建一を主人公にした評伝『棘男』～労働界のレジェンド～（展望社刊）なる本を書きあげ、出版した。

映画製作、出版を含めて、スケジュール的には非常にタイトで苦労の連続であった。

だが、映画も本も、私を気が重たい病院のベッドのから引き離してくれた一つの大きなツールだったのだ。

そのツールを創るチャンスを与えてくれたのは武建一であった。

武建一が居なかったら映画も本も無い。

私は年甲斐もなく、一心不乱、目的を持って生きたことに満足した。

だが、幸か不幸か、私が投げた賽子の目は逆目に転がった。

無情だ。

通常、上映会のホールなどは経費などを考え、公共施設などで行っていた。

だが、コロナウイルス禍、全国に緊急事態宣言が宣せられ、公共団体が運営するホールの殆が使用不可になってしまったのだ。

それは心血注いで製作したドキュメンタリー映画「棘」を全国の人に観ていただき、我らの「棘男」武建一の存在自体を皆に理解していただきたい。

そんな思いで上映会場を探した。

コロナウイルス禍で、上映会が開催できる可能な場所日時はその年の秋口から晩秋を含めて、たった数日だけであった。

その中でも良き日があった。

八月一日（土曜日）。

真夏だ。

条件が悪い。

でも、一日も待てない。

即告、契約。

ポスター、チラシなどの宣伝物の制作をアートディレクターの浅葉克己に依頼。

さて、私たちの悲願は、会場を観客で満杯にして、一人でも多くの人達に今、武建一を襲っている弾圧の現状を知ってもらい、興味を抱いてもらう事だ。

そこで、苦肉の策、伝手を頼りに上映会の「呼びかけ人」探しに走った。

東京首都圏で活躍する大学教授、市民活動家、作家、文化人、カメラマンなどにターゲットを絞り、作業に入った。

その結果、三十数人の賛同を得た。

準備万端整った。

だが、コロナウイルス禍が進行、不確定要素が多数発生、情況は一進一退、運は天にお任せの心境になり、八月一日の上映会開催の覚悟を決めた。

その矢先、予期せぬ出来事が私の身に降りかかった。

二〇二〇年（令和二年）五月一日（金曜日）の事だ。

この日、メーデーに参加するため朝、家を出た。

何故か、この当たりから、確かに普段の私では無かった。

もしかしたら、熱中症で体調が悪かったのかな？

そんな身体の変調に気を配らず、昼前に霞が関の厚労省前に到着、メーデー集会に参加した。

気温はぐんぐんと上がり、とても暑い。

ジャケットの上に羽織っていたコートを脱ぎ捨てた。

でも、さすがに暑い。

水のペットボトルを一気に飲む。

十六時。

メーデーの撮影も終わり、本拠地、浦和に引き上げた。

映画監督の杉浦弘子が浦和駅西口近くの「おばちゃん」の店がコロナで苦労しているので寄ってあげたいと言っていたが、開店しているか不明。

コロナ禍で唯一開いていたのがサッカー「浦和レッズ」応援の焼き鳥屋「一力」であった。

「一力」ではこの日、監督は焼酎のお湯割り二杯、私は記憶していないがお銚子一本頼んだと言われている。

一時間ほど飲んで、帰ろうとした。

何故か、急にカラオケに行きたくなった。

でも、コロナ禍、何軒か回ったが何処も、営業してない。

仕方なく、帰ろうと、駅前の伊勢丹コルソの前に着いた。

何故か、疲労感がある。
私はコルソの入り口近くに椅子が四っほど並んでいた。
その一つに座り、十分ほど休んだ。
そして、帰ろうと立ち上がった。
魔が差したのか。
その途端、私は仰向けにすってんころりんと倒れた。
この時の記憶が、不思議な事に一年経った今でもない。
だが、同行していた杉浦監督が崩れ、壊れる私を冷静かつ、正確に観察していたのだ。
「本当にバタンと倒れた。頭を打ったのが判ったので帽子で頭を支えていた」。
慌てて、通行人が救急車を呼んだ。
五、六分で来た救急車に乗せられ、さいたま市大宮の自治医科大学埼玉医療センターに担ぎ込まれた。
私はその時の状況をまったく記憶していない。
現場にいた監督にその時の状況を聞いてみた。
監督によれば、次のように作業が進められたという。
以下は監督の話を主参考にして書き上げたものだ。

身柄は救急車から集中治療室に運ばれ、頭部のレントゲンを撮影された。

緊急治療室に現れた担当の部長がらレントゲン写真を何枚か見せられた。

その画像は無残にも頭が割れていた。

黒い頭脳が写る。

その中央をギザギザな一本の赤線が走っていた。

若いレントゲン技師が話す。

「ここだよ、ダメージを受けたのは」。

「左脳だ」。

カルテには病名が無造作に印刷されていた。

「脳挫傷」。

つまり、転んだ時にコンクリートで強かに左脳を打ったのだ。

だから左手ではなく、左右対称の論理で左脳にダメージを与えたために右手、右足が動かないのだ。

酷い。

つまり、右足と右手に指令を出す脳の神経が壊れてしまい、スクラップ状態になったのだ。

また、ハッキリ記憶しているのが、部長が言った言葉だ。

その部長は両手に器を持って差し出し、

「脳は、こうやって器の上に柔らかい豆腐が乗っかっているようなのです。強い振動を受けたら豆腐が器に当たってしまう」。

部長は手の器をユラユラ揺らしながら、そのくらい、脳は繊細なもので、衝撃で脳が壊れてしまうのだという」。

そんな、説明をしながら、

「四十八時間が峠です。奥さんを呼んで下さい！」

慌てて、監督は妻の康子に連絡を入れた。

生憎、繋がらない。

その事を部長に伝えると、

「明日の朝、奥さんに来てもらうように」

とのことなので監督は自治医大から引き上げた。

脳の傷は酷かった。

ただ、茫然自失。

レントゲン室からベッドに戻されたが、総ての記憶が消えた。

空白だ。

頭は真っ白。
五月二日（土曜日）。
翌朝、監督と妻の二人は午前八時病院に現れた。
監督は私の書、評伝『棘男』をベッドの枕元に置き、
「絶対、生き返らせる‼」
そんな気持ちだったという。
コロナ禍で面会は五分だ。面会時間を限られていた。
意識不明。
ただただ、集中治療室のベッドの上で寝るだけ。
部長から、
「もう、一日様子を見てみる」
病室を出た。
五月三日（日曜日）。
朝、担当部長が、
「予断は許さないが、峠は越した」
一安心。

だが、医療関係者の仕事は何故か早い。

前日、すでに、私の転院が決まり、介護タクシーが呼ばれ、待機していた。

転院先は大宮中央総合病院であった。

病院に着くと、看護師が、

「部屋は個室しかない」

と冷たい対応。

部屋はベッドが一つ入るくらいの広さ。

とても狭い部屋だった。

でも、プライバシーが守れることと、窓が高い位置に二つあり、外の景色が見えたことが救いだ。

朝昼晩の時間の移り変わりや、雨、風が分かること本人に意識がなくても、肌で感じることができる。

それと、個室は料金が高いので病院側も手厚く診てもらえる。

等の安心感が大きかった。

連休中で、院長も、外科の医師も不在だと言われ、不安。

しかも、看護師が、

「担当の外科医師が一週間来られないので、紹介状やレントゲンなどのＣＤは見ることができない」。
と言われた事が気になった。
生死を乗り越えた重病人を放置するのか？
監督はナースステーションを訪ね、院長に連絡してもらうように、強く訴えた。
五月四日（月曜日）。
嬉しい事に休日だったが、院長が来てくれた。
そして、ＣＤの画像など見て、
「自治医大から指示を受けているので安心するように」
と言われ、やっと安堵した。
看護師の言った言葉が、
「一週間放置されるのでは？」
と言うふうに聴こえたのは、やはり、気が動転している証拠だと後で感じた。
それから、毎日、監督と妻は病院に詰めた。
でも、コロナ禍で面会は禁止。
だが、蛇の道は蛇、
「洗濯ものがある。とか、着替えを持ってきた」

毎日、毎日理屈をつけて、五分から十分面会した。

看護師たちには、せんべいやクッキーを差し入れた。

特に、日曜日は看護師が少ないので、高級クッキーを持っていった。

それで、運がよければ二十分ほど病室に居られた。

また、数日置きに、歯を磨けない時に使うスポンジや、口の中をぬぐうウエットティッシュなど消耗品を大量に買い込み、ナースステーションに差し入れた。

他の患者の様子を見ると、こういった口腔ケア用品は費用がかかる為、使っていない様子だから、とにかく平林さんには、不自由をさせたくないとケア用品をたくさん買っていった。

でも、今、思い出してみても、私自身は何の記憶も無い。

私はただ、点滴のチューブに繋がれベッドに寝ていただけだ。

そんな私を見て、監督は決めたことがあった。

天気の事、見沼たんぼの事、三室の事、仕事の事、食べ物の事、庭の花の事……なんでも話しかける事。

理由は、医師から、

「右半身は使えなくなる」。

「今まで通りには戻らない」。

「モノを書いたり、思考したりするのは無理」。

「それに狂暴な性格になる」。

嫌になるほど、散々、言われた。

でも、監督はめげない、

「絶対、回復する。させる！　元のように治す」。

と心に決めた。

それ以来、毎日、声をかけ続けた。

「仕事前に病院へ行き、声を掛けてから、仕事に向かった」。

どうしても病院へ行けない時は、

「声をかけ続けて下さい。部屋に入れなくても、廊下からでも声をかけて下さい。奥さんの声はわかります。聴こえてますから」

と妻に頼んだ。

私の怪我は、外形からは判らない脳の怪我。

監督は一人思っていたという。

「静かなシ～ンとした病室で、なんの刺激もなく、会話もない、看護師とも話さない」。

「そんな時を長く過ごせば、脳は死んでしまう！

「だから脳に刺激を与えれば必ず回復する！
「とにかく何でも話し、声を聴かせた」。
「それに、友人知人の写真や本を、見せた」。
「とにかく回復させたい。回復させてほしい！」
「そんな願いでした」。

一週間ほどたち、私の意識がやっと回復した。

だが、ベッドでの自分の別時間はなぜか不思議と満艦飾の白日夢であった。

その白日夢は私がこれまで実際に取材に訪れた国の風景が走馬灯の如く回る。

モンゴル（Mongolian）の草原を馬で疾走し、ロシアの大河アムール川河畔の国際都市ハルピン（Harbin）の雪降る中でピロシキを食べ、イタリア（Italy）の「水の都」ヴェネチア（Venezia）の運河でゴンドラを漕ぎ、はたまた、単発の軽飛行機を操縦してロンドン（London）市街を低空で宙返り飛行。さらにニューヨーク（New York）の五番街では憧れの女優とデート。

夢に出た映像は総てカラー。音楽はモダンジャズ。

でも現実は、両手をミントような手袋を嵌められ、ベッドに括り付けられていた。

以下、杉浦弘子監督が語る。

「つまり、手を自由にしておくとベッドの上で暴れたり、点滴の注射針を抜いてしまうからだ」

「注射針を抜けば大変な事になると分かっていても、その身動きできない姿がとても不憫で悲しかった」。

「看護師がいない留守に、ベッドの柵に括られたグローブの紐を緩めた」。

「きっちりベッドの柵に括られていたので、寝返りも打てない」。

「少し紐を緩めると、身体を少し捩ることができる」。

「少しは楽になったかと思った」。

「この頃になると、平林さんの表情も少し出てきた」。

「そしてだんだんと暑くなってきた」。

「布団をかけず、寝間着がはだけたまま寝ていた」。

「看護側は、タオルケットを用意するなどの配慮はない」。

「仕方なしに、家から大判のタオルを持参した。これで、開けた下半身を隠すことができる」。

「とにかく回復させる為に何ができるのか?」

「その為には千パーセントでも努力する」。

「四週目に入った頃に、病室を出てのリハビリが始まりました」。

「事前に申請すれば、リハビリに立ち会える」。

「病室からエレベーターまで十五メーターほど、装具を付けて歩けたときは本当に嬉しかった」。

「奇跡みたいだった」。

「そして、その後、奇跡は又、起きた」。

「リハビリ担当の女性が、ヨーグルトを持ってきてくれた」。

「お口から食べてみましょうね！」

「スプーンでヨーグルトを食べさせてくれた」。

「初めて口から食べることができた」。

「美味しいと不味いとも、何とも言えない表情をしていた」。

「この二つの出来事は、倒れた時の事を思うと、奇跡のようだった」。

「真の強さ、生命力の強さに感嘆」。

この頃から、「地域連携室」からリハビリの病院に移る話が来た。

この「地域連携室」というのは、転院先を決める、家族からの相談を受けたり、医師の面談を調整したりするセクションの事だ。

それで転院先を三カ所紹介された。

康子が家から近い方が良いとの立地条件からさいたま記念病院（病院長／永井秀雄）に決めた。

五月二十九日（金曜日）からさいたま記念病院の入院生活が始まったのだ。

運命の日だ。

この次の日、監督に朝七時半頃に、東京西部ユニオン鈴木コンクリート工場吉本伸幸分会長から、

「武建一委員長が保釈された！」

と電話があった。

すぐ、監督は武洋一書記長に電話入れ、

「おめでとう！」

を言った。

奇遇といえば奇遇である。

私が回復期を迎え、リハビリ専門の病院に移る日が、武建一の解放日だったのだ。

この日、監督は、

「武建一との何か深い縁というか、運命の繋がりのようなものを感じた」

という。

その日、十時ごろに大宮中央総合病院を出て、十一時頃にさいたま記念病院に到着。

エレベーターで三階に上がった。

そのエレベーターホールで監督は私に、

「武建一さんが昨夜十二時前に保釈された。」

と伝えた。

脳にダメージを受けていた私は、当初、何事か判らなかった。

だが、時間が経つに従って、監督の話を聞いた瞬間、七〇から八〇パーセントに変わったのだ。

奇跡だ。

脳にスイッチが入ったのだ。

私は慌てて、枕元に置いてあった自分で書いた評伝『棘男』を手に取って読んだ。

一瞬、

「誰が書いたんだ！」

と、叫び、慌てていた。

でも、納得した。

本原稿を書いたというリアル感が私の壊れた脳の中にあったからだ。

でも、あの時、武建一が解放されたとのニュースを知らなかったら、私は、無味乾燥なベッドに括り付けられ、看護師たちに向かって嫌味たらたらの老人になっていたかも知れない。

私は冷静になり、武建一の存在が無かったらと考えると恐ろしい。

武建一に深謝。

監督談。

「その後の、退院するための苦闘は今でも涙がこみ上げる」。

「退院させたいが退院させられない」。

「面会して帰る時に寂しそうな顔を思い出すと今も辛い」。

「看護師たちに苛められ、疎外され、老人扱いされ、その中で、よく頑張った」。

だが、病室に在った私は無理やり、

「早く自由になりたい！」

その気持ちが強く退院した。

さて、「棘」の上映会の件を病室で報告を受けていたが、八月一日が目の前に迫っていた。

上映会を成功させなくてはならない。

私の脳は少しずつ、戻ったのだ。

全力でリハビリに専念、病院側に無理やり帰宅の許可を貰い、上映会の前々日、車椅子に乗って退院した。

八月一日（土曜日）。

「埼玉会館」。

当日、上映後、車椅子で舞台に出て、主催者のひとりとしての挨拶を行った。

こんな嬉しいことは無かった。

上映会は大成功、手伝ってくれた皆さんに感謝。

この時の記録を武建一に送った。

「セクトに囚われず、映画の上映運動は皆を巻き込む。この方式がベストだ。感激した！」

との感想。

それに、退院許可を出してくれた病院の永井秀雄院長が私の身体を心配してお忍びで会場に来てくれた。謝々。

さて、その後、偶然であるが武建一委員長に東京で遭遇した。

八月二十一日（金曜日）である。

私たちは、国家賠償訴訟の裁判があるとのことで東京地方裁判所の傍聴に向かったが、生憎、傍聴席は満席。

監督は二、三の日比谷公園に詰めかける警備関係者の雑景を拾いながら、武建一の報告会があるとの事で、裁判所を離れ、報告会の会場に向かった。

場所は神田駿河台の連合会館。

報告会の始まるまで時間に余裕があったが、早めに会館に行った。

報告会の会場は二階と聞いていたので、ホールの待合室に上がった。

私はまだ車椅子。

そんな私を見た白いソファに座り、打ち合わせをしていた武建一がやおら立ち上がりホールの中央まで歩いて来た。

私ども武建一の講演などは聞いていたが、実際には面識が無かった。

初対面である。

だが、車椅子の私に近寄り、

「武です。『棘男』、有難う御座います」。

気さくに声を掛けて、昔からの親しい間柄を感じさせるような手厚い対応であった。

監督は武建一と私がフロアで一塊になっているので、カメラを廻していた。

報告会が始まりそうなので、武建一は私たちと談笑しながら会場に移動した。

報告会では国倍の裁判の話に続き、

「一度やられたら、三度やり返す。これが、関生魂だ！」

満場！　拍手で沸いた。

さて、私も徐々に脳が正常に戻り、世の中の事が少しずつ判明し出すと私の頭が壊れているのが、社会が壊れているのか、どっちが壊れているのか判らなくなった。

でも、退院後、家で寝ている訳には行かない。

その後、自宅で妻が二十四時間、私の世話をし、介護師を自宅に来てもらいリハビリに励む生活をしている。

脳が戻ると些か退屈である。

私は青葉薫る五月の中頃まで、約一年、行動に不自由な車椅子生活を余儀なくされているが、その後は杖を突き、二足歩行に挑戦する。

しかし、何が起こっても、驚かない。

私はある時、ある関係者から驚きのYouTube映像を見せられたとがあった。

撮影された場所は背景の壁から推測するとヨーロッパの片田舎と考えられるが、正確に何処だか特定できない。

このモノクロ映像には無数の死体が納棺された棺が路上に山積みにされ、その近くには何百人もの患者が横たわるベッドが並び、そばには途方に暮れ、佇み、悲しみ打ちひしがれる親子の姿があった。

私は絶望感に心を打たれた。

自分が何もしなくてもコロナウイルスは貴重な人々の命を奪い、時代を壊したのである。

そんな時代に、「国家権力」は無実の武建一に対して、

「懲役八年!」

の刑を科すと発表した。

「何事だ！」

これは驚きだ。

冗談ではない。

武建一はそろそろ八十に近い。

後期高齢者だ。

この蛮行を許したら、日本の民主主義の崩壊である。

武建一にあらぬ疑いを掛け、二年間も鉄格子の中に正当な理由も無く、幽閉していた政権の存在自体が狂っているのだ。

現在、国の膨大な税金で検査キットやワクチンを揃え、休んだお店には休業手当を出し、これからが正念場となる全国民にワクチン総投与などなど膨大な国家予算が湯水の如く垂れ流される。

それだけではない。

いま、日本上空にはコロナウイルス以上の怖い「金食い虫」がいる。

それは開催が未だに不可解で「虚」の「オリ・パラ」が日本に大きくのしかかっている。

でも、今、日本は昔からの伝統的な「国家無責任論」が大手を振って「天下御免で罷り通る」時代である。

コロナウイルスの非常事態宣言やワクチンの手配の遅れなど、誰が追求し、誰が責任を取るのか。

そして、国民が夢に見た「オリ・パラ」が、もし、無観客、不開催の場合に誰が責任を取るのか。

誰も責任は取らない。

これが「ぬるい」日本の現状だ。

こんな時、

「本気で語り、本気で怒る」

武建一が居ても不思議ではない。

いや、居てもらわなくては困る。

「棘男」武建一はこんな無謀で無茶苦茶な世の中で、「正義」の旗印を掲げ、巨大な風車と闘い、一緒に闘う人民を守る守護神なのだ。

不屈の魂だ、ここに在りだ。

脳を壊されている私も初夏には元気になり、時を忘れ、武建一と自由に忌憚なく語り合いたい。

世の中、すべて「アバンギャルド」だ。

「時代を超越」した数字が世の中を乱れ飛ぶ。

約一億七千四百万人。

約三百七十五万人。
コロナウイルスの世界の感染者と悲運にも世を去った人々の数である。
信じられない数字だ。
だが、これが現実だ。
コロナは「破壊者」、時代を壊したのだ。

『評伝　棘男2　独白』

完

## 『評伝　棘男　労働界のレジェンド武建一』（平林猛著）二〇一九年十月二十九日初版第一刷（発行　展望社）を読んで

東部ユニオン委員長　小泉義秀

### はじめに

十一月十二日（火）十九時より日比谷コンベンションホール（日比谷図書館地下一階）で上映された『棘』の上映会の入り口で、本書を買い求めた。

上映会の終了後、近くの会場で交流会が行われ、その席上である映画監督が「平林さんの『棘男』は命をかけている。すばらしい」と述べた。

本書を読んでそのことの意味を理解することができた。

交流会は著名な人士が次々と発言する場となった。

私は買い求めた本書を椅子の下において、話に聞き入っていたところ、本書を複数買い求めた参加者の誰かが、誤って私の本を持ち去ったようだった。

椅子の下を探してうろうろしていたところ、「そういえばそこに本がありましたね。間違えてもって行かれたのかも。別のものを用意します」と本を改めてもって来てくださったのが平林康子さんであった。

本を探しているときに隣にいたのがアートディレクターの浅葉克己氏であり、映画会の司会を担当した藤山顕一郎氏が、『仁義なき戦い』などの助監督を務めていたことも本書のエピローグを読んで知ることになる。

どこかで見た人だと記憶を追っていたが、その時は分からなかった。

労働界のレジェンドと呼ばれる誇り高き男の肖像『評伝　棘男』という異色のタイトルが奇を衒ったものでないことは、読む前から感じていたことではあった。

しかし、このタイトルがこんなに相応しいものであるとは思っていなかった。

読めば読むほどその棘の意味が伝わってきて、エピローグで著者自身の「棘」と繋がるのである。

平林さんが労働組合の専従を担ったこともあることも終章の末尾に出てくる。

労働者の命、ストライキを打っただけで、逮捕され幽閉されている。『棘男』武建一と『カンナマ』の組合員たちを取り戻す方法はないものか。

一ジャーナリストとして、一人の人間として、激しく国家権力に抗議する。

即時解放を！　皆さん、声をあげよう。そして行動に移そう。沈黙、無関心は罪です。

『若者よ！　何を怯えている。熱く激しいストライキを打て！』（二百九十八頁）

第三章の末尾の一節である。

著者の人生と命を懸けた、ふり絞るようなメッセージである。

三章構成の妙技。

第一章は「ひとの痛みは己の痛み」というタイトルで、関西生コンにかけられた今回の弾圧を描いている。

私は関生関係の著作は何冊も読んでいるが、この第一章の展開の手法と内容は平林さん以外に書けないかもしれない深みがある。

第三章「経済成長の底辺で」は武建一さんが大坂に出て関西生コンの委員長になり、ヤクザに殺されかけた経緯など、これも著者の妙技で描かれている。

文章を描く技術もさることながら、著者の人生と経験をかけた踏み込みの中で武建一委員長の半生に迫る内容が力強い。

第二章「反骨の島」は重厚な内容であり、圧倒された。

第一章、第三章は、私が読んだ何冊かの関生関連の本とも重なる部分があった。

しかし第二章は徳之島の歴史と武建一委員長の「棘」のバックボーン、その重みをこれでもかという踏み込みで描き出した。

誰も書いたことのない中身である。見事という他ない。

杉浦弘子監督の映画『棘』で奄美群島が沖縄よりも先に返還されたことが描かれている。本書では徳之島が鹿児島の知覧を飛び立った後に翼を休めて翌日神風特攻隊として出撃していく「不沈艦」だったことが書かれている。

だから「不沈空母徳之島」への空爆は執拗に続き敗戦を迎えるのである。

米の占領軍が上陸したのは武建一委員長の生家のすぐ近くだったという。

「その『棘』を話す前に徳之島を含めた奄美群島の成り立ちに触れたい。何故なら、その歴史を理解しない限り、武建一の『棘』を理解することが出来ないからである。」(百六十六頁)

そう書いて著者は『続日本書紀』西暦七百九十七年の話にまで遡る。

奄美群島は日本と琉球の支配を受けてはいたが、南国の自由さがあったという。

これが農奴の島になるのは薩摩藩の襲来があったからだという。

薩摩藩に対する反抗の闘いである一八一六年の「母間騒動」や一八六四年の「犬田布騒動」。

更に一九一九年六月の徳之島の銅山ストライキが武建一の『棘』の痕跡であると著者は書いている

「奄美群島最初のストライキ」（百八十頁）であった。

松原鉱業所の経営権は足尾銅山争議の財閥古川鉱業に引き継がれるのであるが、一九二八年（昭和三年）に閉山している。

鉱床の枯渇が理由であるが、「実は度重なるストライキの対策に翻弄されたからだ」といわれている。

しかし、もし徳之島の銅山が後十年続いたら、第二の足尾銅山事件になっていたかもしれない」（百八十四〜百八十五頁）というのが平林猛さんの見解である。

更に著者は武建一委員長の『棘』のルーツに「地方奄美無産党新興同志会」の平利文のことを記している。

平利文は日本共産党の幹部に闘争資金を提供した疑いで敗戦を待たずして四十二歳の若さで獄死している。

第二章の最後の頁は平利文の話であり、徳之島の『棘』のひとつであると。

結語。

「命を懸けた書」であるのはその内容だけでなく、七十五歳で病魔に襲われ、倒れた過程で武建一のことを知って著者はパソコンに向かう。「悪魔の薬」ステロイドの副作用に苦しみながら「死ねない！　時間がない」と病院のベッドで悶々としながら、遂に書き上げたのが本書なのである。

# ドキメンタリー映画「棘」～ひとの痛みは己の痛み。武建一～を鑑賞して

合同・一般労働組合全国協議会事務局長　小泉義秀

武建一委員長の半生を映画に「棘」～ひとの痛みは己の痛み。武建一～《作品時間：六十五分》は杉浦弘子監督の作品である。プロデューサー：平林　猛、藤山顕一郎、編集：川井竜一、語り：大久保鷹、エンディング曲：ＰＡＮＴＡ（頭脳警察）ヴィジュアル：浅葉克己（アートディレクター）という渋いスタッフで作成された映画である。

最初の上映会は十月十七日（木）大阪市西淀川区民ホール（一七：〇〇～アフタートークあり）で行われた。東京では十一十二日（火）日比谷コンベンションホール（図書館地下一階）で上映された。杉浦監督の第一作が「ぬくめどり」～鷹匠の世界～（二〇一六年）であり、今回の「棘」は二作目となる。

「ぬくめどり」は鷹匠と鷹の絆を追いながら自然と命のありかたを問うドキュメンタリー映画であり、宇崎竜童が語りである。

鷹匠の映画から何故、武建一委員長の映画へと思うかもしれないが、杉浦監督は数々のドキュ

メンタリー番組を制作されてきた方である。

日比谷の上映後での平林猛プロデューサーの話によれば、この作品は未完であり、第三弾を考えているとのこと。

未完ながら『棘』として映画を公開するに至ったのは、武建一委員長らが逮捕され、獄中にいるからだ。

弾圧粉砕！　武建一委員長らを直ちに奪還するために、この映画の上映運動を開始したという。

十一月三日の日比谷野外音楽堂での集会にも参加して、杉浦監督はカメラを回していた。

その映像も含めて第三弾の映画ができることになるのかもしれない。

武建一委員長が奪還されて登場し、更に不当な弾圧を打ち破る裁判の勝利報告も杉浦監督の映像で見たいものだ。

牛を引く島民の姿が印象的。

徳之島生まれの一人の男、武建一が、十九歳の時に島を出る。

大阪生コンクリート会社のミキサー車の運転手として睡眠時間二時間という過酷な環境の中で「故郷に錦を飾る」べく働いた。しかし、ある日、仲間が突然解雇となる。その男は、会社に抗議をした。

「俺の仲間を明日から来るなとは、なんねん！」と。

そこから、男の人生は激変する……。

労働者を守ろうと労働組合を作り、奔走。

そしてはや五年が過ぎた。

しかし労働環境の改善、賃金の値上げ交渉……労働者のため、中小企業のため、交渉すればするほど、親会社や仕入れ先の大手セメント会社や建設を請け負うゼネコンからは嫌われる。

組合やその男に対する弾圧は厳しいものがある。

そんな中でも屈せず、身を挺して闘っている。

いったいその不屈の精神はどこからくるのだろうか……。

杉浦弘子監督が武建一委員長の講演をはじめて聞いて感動した二〇一八年八月の集会の三日後に不当逮捕された。差し入れもできない、面会もできない。

私に何かできることは無いのか？

映画を作成し、不当弾圧を訴えることだ。

そう思いカメラを回し始めたという。

そうして十月十四日に曳舟文化センターで行われた関西生コン弾圧を許さない東京集会に参加して、壇上からアピールをして十一月十二日の『棘』の上映を訴えたのである。

語りは、俳優の大久保鷹さん。

一九六五年年、劇団「状況劇場」の路上劇「ミシンとコーモリ傘の別離」で俳優デビュー。退団後、唐十郎の旗揚げ公演に参加。舞台、映画と活躍中。

本の装丁はアートディレクターの浅葉克己先生の作品。

日比谷上映会で司会を行った藤山顕一郎は深作映画の『仁義なき戦い』の助監督を務めた人である。

映画の中の挿入歌で「島唄、ワイド節」が流れる。

奄美の三線で歌っているのは、御徒町にある奄美料理の店、奄美ダイニング「かんもうれ」のマスター松山晃久さんだそうである。沖縄と奄美の三線は大きさもバチも違うそうだ。

冒頭と締めくくりのシーンは徳之島の岸壁に押し寄せる波である。

竜飛岬や氷雪の門のある北国の海の光景とは異なる、南国の岸壁と波である。

しかし、南国の小さな島国であるが故の理不尽な歴史を背負う、武建一委員長の半生を描く映画にふさわしい波と岩である。

名称も臨時北部南西諸島政庁、奄美群島政府、奄美地方庁とかわった。

復帰運動が闘いぬかれ、一九五三年（昭和二十八年）八月にダレス声明が発表され、同年十二月二十五日に日本に復帰した。

こうした徳之島の歴史的背景も映像で描かれている。

学校の校門の銃弾の跡が徳之島の歴史の一端を現わす。

ポスターやビラに描かれている、牛を引く島民の姿は徳之島を象徴するシーンであり、闘牛の場面も登場する。

メインは、武建一委員長の集会での発言や武洋一書記長のロングインタビューであるが、杉浦監督と平林プロデューサーは徳之島にまで行き、武建一委員長の親戚のインタビューも試みている。

杉浦弘子監督の映画『棘』と平林猛プロデューサーの『評伝　棘男　労働界のレジェンド武建一』（平林猛著　展望社）は対の作品である。

関西生コン弾圧を許さない！

武建一委員長らを直ちに釈放しろという強烈なメッセージがこの「対の棘」なのである。

「関ナマ」労働運動の評伝と映画
——平林猛著評伝『棘男』——労働界のレジェンド武建一』（展望社）
ドキュメンタリー映画「棘」ひとの痛みは己の痛み。武建一～（杉浦弘子監督）

図書新聞No.3431・2020年01月18日号
ジャズ評論家　伊達政保

「カンナマ」「関ナマ」「関生」。
多くの人が聞き慣れない言葉だろうと思うが、労働組合運動に関心がある人ならば、すぐさま関西を拠点に闘う原則的労働組合を思い起こすだろう。
正式名称は全日本建設運輸連帯労働組合関西地区生コン支部。
労働組合が昔日の勢いを失い、ストライキどころか労働者の緒権利すら守ることが出来ない現在の「働き方改革」

という名の労働現場再編の状況の中にあって、ストを打ち賃上げ労働条件の改善を勝ち取った労働組合なのだ。

戦後労働運動の高揚は、産別労働組合によってもたらされたといっていいだろう。読売争議をはじめとする新聞放送単一労組の産別闘争などがそのいい例だ。

それに懲りて国家や資本側は労働組合を企業別に再編していく。

結局、労働組合は企業に包摂され、企業の代弁者のような連合など現在の労働運動の体たらくを招くことになったのだ。ちとはしょり過ぎたかな。

「関ナマ」は生コン車運転手の個人加盟の産別（職能別）組合である。

生物のコンクリートを工場から建設現場へ時間内に運ぶ過酷な仕事だ。

知っての通りゼネコンは下請け孫受け体質である。

「関ナマ」の使用者はほとんどが中小企業であり個別企業との闘争では共倒れになりかねない。

そこで各企業が参加し元請けのゼネコンまで巻き込んだ集団団体交渉が採られ、賃上げ労働条件改善を勝ち取ってきた。

そればかりか中小企業を協同組合にまとめ、ゼネコンからのをダンピング無しに受注するようにさせていった。

また労働組合として経済闘争にとどまらず、安保や沖縄基地問題、反原発など政治闘争、思想闘争にも積極的に取り組む姿勢を示してきた。

そして関西の建設業界は「関ナマ」が牛耳っているとまで言われるようになり、時の経団連大槻会長は「関ナマ」に箱根を越させるな！　と厳命したほどだ。

東京オリンピック、大阪万博を控え「関ナマ」労働運動に恐れをなした国家権力、大資本は、大弾圧を開始した。

武建一委員長は五回の逮捕、現在も一年以上勾留中。

延べ組合員七十七名、業者八名逮捕、起訴五十五名。

罪名は組合要求が「恐喝、強要」となり、ストライキが「威力業務妨害」となるという、まさに労働運動、労働組合つぶしである。

その「関ナマ」のリーダー武建一ドキュメンタリー本が刊行された。

平林猛著『評伝　棘男——労働界のレジェンド武建一』（展望社）だ。

徳之島の生い立ちから労働組合の結成、現在の状況に至るまでを渾身の筆で描き出している。

また並走したドキュメンタリー映画『棘　ＴＯＧＥ——ひとの痛みは己の痛み。武建一』（杉浦弘子監督）がある。両者とも必読、必見だ。

# 平林猛・著「棘男・労働界のレジェンド武建一」（展望社）読了。

小澤俊夫

全日本建設運輸連帯労働組合関西地区生コン支部、通称「カンナマ」の執行委員長であり、「日米安保問題」や「沖縄基地問題」、「日米地位協定」や「原子力問題」、「憲法九条改悪問題」や「天皇制」など、国家権力に毅然と立ち向かう武建一の評伝。度重なる弾圧や暗殺の危機、逮捕・投獄の繰り返しの中で、己の信念を貫く反骨精神には学ぶところが多い。

二〇一八年八月、生コンクリート調達を担う大阪市にある商社の支店長を脅したとして滋賀県警に恐喝未遂容疑で逮捕され、この本が書かれた二〇一八年八月、月時点も滋賀刑務所の未決囚房に拘束中であり、獄中からカンナマの機関紙に寄せられた反安倍のメッセージは、まさに溜飲が下がる思いである。

「日本では、安倍自公政権が三期目に突入。経済成長と称し賭博政策を推進。教育、医療、福祉、農業、漁業、労働など全ての分野で弱肉強食の自由競争、市場原理主義を導入」

「人の命より目先の利益を優先し、原発再稼働、輸出を促進」

「民意を無視して辺野古新基地建設を進め、格差、貧困の拡大、少子高齢化、金融破綻、日産のカルロス・ゴーンや東芝、宇部興産、神戸製鋼などの大企業の不正、腐敗が横行」

「国民の財産を『お友だち』に安く売りさばこうとした森友・加計問題。安倍首相の意向に合わせた文章改ざん、嘘の国会答弁、権力に近い人間の起こす違法行為については逮捕も起訴もない忖度政治は目に余るものがあります。民主主義の破壊そのものです」

　公然と安倍晋三批判をする武建一、七十七歳。

　著者の平林猛も講談社の労働組合で旗を振り、その後、制作会社を設立して書籍やテレビ番組をプロデュースする、武建一より一歳年上の七十八歳。

　実は三十五年ほど昔のフリー時代、氏が立ち上げた制作会社でドキュメンタリーや情報番組を演出させてもらったが、その周囲に集まる魑魅魍魎の人たちや、氏が平岡正明・朝倉喬司らと組んだ「犯罪者同盟」など、その秘めたる闘争心には物静かな氏の佇まいからは想像できない。
　そんな平林と最初に会ったのは新宿ゴールデン街。
　馴染みの店では「ヒラリン」と呼ばれていたのでそう呼ぶようになったが、ヒラリンとはＦＢ友でもあるが、二〇一七年の暮れに病に倒れたことは当時は知らなかった。
その病床で武の事を知り、筆を執る（パソコンに向かう?）ようになったとは、さすが反骨精神旺盛のヒラリン。
武建一と平林猛、生まれも育ちも違う二人の男が本を読むうちにオーバーラップし、まさにドッペルゲンガーの様を呈す。
一読の価値、大いにあり。お勧めの一冊です！（文中敬称略）
第一章「人の痛みは己の痛み」／不当逮捕／法廷闘争／共謀犯のモデルケース／生コンは「生もの」／「棘男」の首に懸けられた十億円／虚々実々、フェイクニュースの構造『宝島』『ガロ』お前もか！／獄中からのメッセージ
第二章「反骨の島」／米軍基地はいらない！／闘牛の島／激動の時代／サトウキビ畑の中の映画会／南国の楽園が農奴の島に／ストライキと小作人騒動
第三章「経済成長の底辺で」／船底の匂い／地獄のミキサー車／若き執行委員長／暗殺の巷／不況こそ「チャンス」／不滅の産業政策／日本共産党との決別／大弾圧！／「私は変わらない」／エピローグ／あとがき
なおこの作品と同時に撮影されたドキュメンタリー映画、「棘　ＴＯＧＥ〜人の痛みは己の痛み・武建一〜」（監督：杉浦弘子）が全国で自主上映中。

「どうも、読後感想が遅くなりました。相済みません」。

ノンフィクション作家　橋本克彦（大宅壮一賞受賞作家）
２０１９年11月28日（木）

これは傑作です。
いたるところに感心しました。

ときどき行を変えて、叙事詩みたいになっちゃったところなど、これでいいと思いました。
文章表現のよしあしなど超越した檄文になっているところもよし。
始めをちょっと読んで、こいつは、暇を見て少しずつ読むような悠長な本ではないと、一日とって、一気に読みました。
平さんと武さんとが共振共鳴して、この文章に並々ならぬ緊張と躍動感を生み出しています。

なんとも奇跡的な著作です。

かとおもうと、相撲取りの下駄のような活字、とは吹き出しました。

武さんに対する官憲の弾圧、まっとうな組合運動に対するべらぼうな弾圧について読んでいるうちに、小生は私自身の青春を思い出しました。

私が経験した日大闘争では芸術学部に、スト破りを請け負った右翼者と日大運動部との連中三百名が殴り込んできました。

が、コテンパンにやっつけました。

死人が出ないのが不思議といわれた乱闘でしたが、それを理由に、機動隊が導入されたのでした。

良く闘う者は必ず弾圧される。

で、武さんの心中察してあまりあります。

と同時に、怒る平さんの筆勢とどまらず、ありゃあ、平さん、熱くなってらあ、と感動しました。

日大闘争はご存知のような終わり方でしたが、小生は卒業することを恥じて除籍を選びました。

私は日大中退ではなく、私の正式な学歴は高卒なのです。

平さんと武さんは「似ている」のではなく、共振する魂でしょうね。

共産党のむごさは、平さんにもわかる経験でしょうね。

まったく日本共産党は感覚の鈍い、うすのろ政治党派です。

「お前ら闘わなくていいから、ひとの闘争の邪魔をするな、アホめらの小心者」とでもいうしかない。

ここらは平さんの経験を想って、心中お察し申し上げます。

徳之島の歴史、薩摩の悪政、家人という奴隷、薩摩と琉球王朝の二重支配をくらった奄美の歴史はしっていましたが、武さんの棘に凝り固まったという因果に感動します。

薩摩の圧政はすさまじく、かの西郷隆盛は、そのあまりの悲惨に薩摩藩士であることを恥じたといいます。ま、西郷はどうでもいいけど。

ただならない徳之島の歴史と武さんの経験です。

艱難汝を珠にす、この苦労と不屈の闘志に脱帽しました。

平さんをよく知る者として、終章の羽田浦、作蔵さんの気持ち、うっ、となっちゃった。

朝やんとおれと羽田の祭りに呼ばれて、多摩川河川敷で風に吹かれながら飲んだ夜を思い出しました。

「おれたちが米軍に追われて河川敷に住みついたら、ここらのやつらは土手外者といいやがった」

とあのとき平さんは言ったのでした。

ふーむ、してみると、土手内の連中のほうがさもしい。

わたしも七十四歳。そよそよと吹くのは死の風。あはは。

平さんは体を悪くして、ますますこいつを書く、と思い定めたことに敬服します。

なんどもいうけど、養生しなさいよ。

どうせ死ぬのだ、続編を書きつつ、くたばりましょうよ。

私も、南部藩（岩手県）の百姓一揆の話を半ばまで進めています。

だが、さっぱり進まず、こうなったら、できるところまで書いて、くたばって、未完とするつもり。

夢中になって書いているうちに、向こうへ飛び出して終わり。こいつは結構カッコいい。

そのうち、平さんの体の調子みながら、いっぱいいきましょう。

左翼だった平さんが原点回帰、そこから歩み出して、久々に本気になった「棘男」の著作を祝福します。

追伸　校正ミスをあちこち見つけた。再版のときになおしましょう。

ではまた。

**【参考資料】**


『大資本はなぜ私たちを恐れるのか』（著者／武建一／旬報社）

『労働組合とはなにか』（著者／木下武男／岩波書店）

『棘男』～労働界のレジェンド～（著者／平林猛／展望社）

『特集・写真で見る戦時下の徳之島』（天城町戦後七十周年記念誌編集委員会委員長松村義則／天城町企画課）

『奄美社会運動史』（著者／松田清／ＪＣＡ出版）

『薩摩藩圧政物語～徳之島前録帳の世界～』（著者／前田長英／ＪＣＡ出版）

『奄美の軌跡～祖国復帰・若者たちの無血革命～』（著者／永田浩三／ＷＡＶＥ）

『軍政下奄美の密航・密貿易』（著者／佐竹京子／南方新社）

『阪神都市圏における都市マイノリティ層の研究』（西村雄郎／社会評論社）

『武建一・労働者の未来を語る』（著者／武建一／社会批評社）

『労働運動再生の地鳴りがきこえる』（著者／武建一／脇田恵一／社会批評社）

『関西地区生コン支部労働運動五十年――その軌跡』（発行／全日本建設運輸連帯労働組合関西地区生コン支部）

『日本アナキズム労働史』（著者／萩原晋太郎／現代思想社）

『ストなし労働運動をブッタ斬る』（著者／太田薫／日新報道）

『ストライキ』（著者／藤本武／新日本出版社）

『戦後日本労働運動史』上・下（著者／佐藤浩一／社会評論社）

『ストライキしたら逮捕されまくったそれってどうなの』（連帯ユニオン）

『特高警察』（著者／荻野富士夫／岩波書店）

『総評この闘わざる大組織』（著者／斎藤一郎／三一書房）

『総評解散』（共著者／小野道浩／中野隆宣／大塚知行／労働教育Ｃ）

『根の国へ――秀三の奄美語り』（著者／清眞夫／海風社）

『中安閑一傳』（発刊／宇部興産株式会社／非売品）

# あとがき

『評伝　棘男2　独白』が世に出る。

これは奇跡か、事件に近い。

一年数カ月前、私は路上でスッテンころりん。頭を強かに打ち、脳挫傷で数カ月間意識不明。死線を彷徨ったが、生還。

昨年の八月、退院し、年を跨いで原稿を書き続けた。

だが、内容は一読すると意味不明、支離滅裂。筆を折る事、つまり「隠遁」を本気で考え、書く事を放棄した。

絶望しかない。文書は乱れ、稚拙な術を晒せない。

だが、「武建一の弾圧の現実!」世の中の人々に伝えたい。

早咲きの桜の花が散る頃、書ことを心に決めた。

再度、やけ気味にキーボードを叩いた。叩いてみると、モニターに様々な情景が走馬灯のように動き、巡りだした。

私は八十路。私を支え、応援してくれた方たちに不義理は出来ない。

映画「棘」、それに評伝『棘男』は半端な気持ちはない。本気だ！。

主人公の武建一に遭遇したのは三年前。その時、私は自分と同じ匂いを感じたのだ。それ以来、二回ほど逢ったがその「匂い」は変わらない。

その「匂い」の重さ、質は何事があっても闘い抜いて生きている男の「匂い」だ。

そんな武建一との間を捌いてくれたのが大阪の協同会館アソシエの池田美紀であった。池田の気遣いは大変なもので、頭が下がる思いだ。「棘」2～独白～の大阪初試写会の時。それにこの本の校正に関しても武建一との間に立ち、スムーズに作業を行ってくれた。その手際には感激した。

また、映画「棘」や『棘男』の製作の折り、不案内な労働界に関して様々な助言をしてくれた書記長武洋一、感謝、感謝。もし、武洋一が居なかったら、右も左も皆目判らない「不思議な世界」を理解出来ないまま、私たちは退散していたかもしれない。でも、丁寧に話を聞き、理解し、答えをくれる。そんな武洋一書記長には頭が下がる思いだ。

さて、私たちのそんな動きに興味を抱き、身を乗り出してくれたのが長年の友人アート・ディレクター界の重鎮浅葉克己だった。「棘」の話をすると、すぐ乗り、ポスター、チラシを制作してくれた。

また、浅葉克己は『棘男』のゲラを二日間で読み、装丁まで引き受けてくれた。さらに今回の映画「棘」２〜独白〜のポスター、チラシ、さらに「棘男２」の装丁まで。

そして、浅葉克己の要望で武建一のポートレートを撮影したのが京都在住の写真家亀村桂宏だった。亀村は幻の暗黒舞踏家土方巽などの映像を担当しているフォトグラファーだ。腕は鋭い。連射的なシャッター音。膨大に連なるデジタル映像の先に、監督が気になるドラマが内包する一枚が誕生していた。「ふたつの顔を持つ男」。つまり、顔の半分が「厳しい」。半分が「優しい」。武建一の「貌」だ。

そんな複雑なデザインワークを熟してくれたのが浅葉デザイン室の寺内なつ美だ。謝々。

悲しいかな、私の右足の回復が何故か遅い。でも、病院で診察の結果、異状なし。本来なら車椅子を捨て、細身の杖を突いて、粋に歩く姿を夢に見るが、見果てぬ夢。

そんな我儘な私の身の回りを二十四時間、世話するのが妻康子。

そして、再び、病の床から引っ張り出し「棘男２」に命を与えてくれた映画監督杉浦弘子に感謝する。

最後になりましたが、私の破天荒な原稿を一冊の本にまとめてくれた展望社の代表唐澤明義に感謝感激。

さて、なぜか、この本は高齢者によって創り出された。最高齢は展望社の唐澤明義八十五歳。次がアート・ディレクターの浅葉克己八十一歳。著者の平林猛八十歳。そして「主人公」武建一が七十九歳。
次作は四者揃い踏みか。皆さんご参加、お楽しみに。

（文中敬称略）

縄文痕跡の岸辺にて
２０２１年７月吉日
平林　猛

著者略歴

# 平林　猛

ひらばやし　たけし

　映像プロデューサー。

　1941年（昭和16年）、東京・羽田生まれ。講談社『週刊現代』記者を経て、テレビ界に進出、番組企画、プロヂュース、イベント制作、映画製作などを手掛ける。主な作品に『黄金海道』（日本テレビ）『生テレビ！東京探検』（テレビ東京）、中国改革解放三部作『華僑パワーの挑戦』『大連発！チャイナ・コレクション』『百花繚乱！華々芸術祭』（NHKBS）、『アジアWOSWOW』（NHKBS）、『にっぽん木造駅舎の旅』（NHKBS）。イベント『快適都市へのシナリオ』、『人類の病・糖尿病と歯周病』（共にNHK関連と共同制作）、『シンフォニー・ジャパン』（BSジャパン）など多数。映画のプロデュースとしては『祭爆』～津軽三味線・高橋裕次郎～。知られざる鷹匠の世界を描いた『ぬくめどり』～鷹匠の世界～などがある。著書には『巣立ちの日々』（読売新聞社）『日本人高見山大五郎』（講談社）、『池田大作名誉会長の羽田時代』（展望社）など多数。ニライカナイ塾長。

# 評伝　棘男2　独白


2021年8月12日　初版第1刷発行

著　者　平林　　猛
発行者　唐澤　明義
発行所　株式会社 展望社
〒112-0002
東京都文京区小石川3丁目1番7号　エコービル202号
電話　03-3814-1997　Fax　03-3814-3063
振替　00180-3-396248
展望社ホームページ　http://tembo-books.jp/
印刷所 製本所　株式会社東京印書館




ISBN978-4-88546-404-1

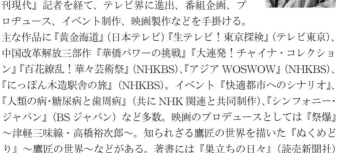